le erbacce

5

Prima edizione novembre 2011

ORTICA EDITRICE soc. coop., Aprilia
www.orticaeditrice.it

ISBN 978-88-97011-03-3

Carlo Cafiero

IL CAPITALE di Karl Marx

COMPENDIO

IN APPENDICE

Dialogo fra Crepafame e Succhiasangue

Ortica

ORTICA EDITRICE

INDICE

Il Capitale di Karl Marx

COMPENDIO

L'operaio ha fatto tutto;
e l'operaio può distruggere tutto,
perché può tutto rifare.

Un lavoratore italiano

Prefazione di Carlo Cafiero

Italia, marzo 1878

Un profondo sentimento di tristezza mi ha colto, studiando *Il Capitale*, quando ho pensato che questo libro era, e chi sa quanto rimarrebbe ancora, affatto sconosciuto in Italia.

Ma se ciò è, ho poi detto fra me, vuol dire che il mio dovere è appunto di adoperarmi a tutt'uomo, onde ciò più non sia. E che fare? Una traduzione? Ohibò. Ciò non servirebbe a nulla. Coloro che sono in grado di comprendere l'opera di Marx, tale quale egli l'ha scritta, conoscono certamente il francese, e possono avvalersi della bella traduzione di J. Roy, interamente riveduta dall'autore, il quale la dice meritevole di essere consultata anche da coloro che conoscono l'idioma tedesco. È ben altra la gente per la quale io devo lavorare. Essa si divide in tre categorie: la prima si compone di lavoratori dotati d'intelligenza e di una certa istruzione; la seconda, di giovani che sono usciti dalla borghesia, e hanno sposata la causa del lavoro, ma che non hanno peranco né un corredo di studi né uno sviluppo intellettuale sufficiente per comprendere *Il Capitale* nel suo testo originale; la terza, finalmente, di quella prima gioventù delle scuole, dal cuore ancora vergine, che può paragonarsi a un bel vivaio di piante ancora tenere, ma che daranno i più buoni frutti, se trapiantate in terreno propizio. Il mio lavoro deve essere dunque un facile e breve compendio del libro di Marx.

Questo libro rappresenta il nuovo vero, che demolisce, stritola e disperde ai venti tutto un secolare edificio di errori e di menzogne. Esso è tutta una guerra. Una guerra gloriosa, e per la potenza del nemico, e per la potenza, ancora più grande, del capitano, che l'intraprendeva con sì grande quantità di nuovissime armi, di istrumenti e macchine di ogni sorta, che il suo genio aveva saputo ritrarre da tutte le scienze moderne.

Di gran lunga più ristretto e modesto è il compito mio. Io devo solamente guidare una turba di volenterosi seguaci per la strada più facile e breve al tempio del capitale; e là demolire quel dio, onde tutti possano vedere con i propri occhi e toccare con le proprie mani gli elementi dei quali esso si compone; e strappare le vesti ai sacerdoti, affinché tutti possano vedere le nascoste macchie di sangue umano, e le crudelissime armi, con le quali essi vanno, ogni giorno, immolando un sempre crescente numero di vittime.

E in questi propositi che mi accingo all'opera. Possa frattanto Marx adempire la sua promessa, dandoci il secondo volume del *Capitale*, che tratterà della *Circolazione del Capitale* (libro

II), e delle *forme diverse che riveste nel corso del suo sviluppo* (libro III), e il quarto e ultimo volume che esporrà la *Storia della teoria*.

Questo primo libro del Capitale, scritto originalmente in tedesco e poscia tradotto in russo e in francese, è ora brevemente compendiato in italiano nell'interesse della causa del lavoro. Lo leggano i lavoratori e lo meditino attentamente perché in esso si contiene non solamente la storia dello *Sviluppo della produzione capitalista*, ma eziandio il *Martirologio del lavoratore*.

E finalmente, farò anche appello a una classe altamente interessata nel fatto della accumulazione capitalista, alla classe cioè dei piccoli proprietari. Come va che questa classe, un giorno tanto numerosa in Italia, oggi si va sempre più restringendo? La ragione è molto semplice. Perché dal 1860 l'Italia si è messa a percorrere con più alacrità il cammino, che devono necessariamente percorrere tutte le nazioni moderne; il cammino che mena all'accumulazione capitalistica, la quale ha in Inghilterra raggiunta quella forma classica, che cerca di raggiungere in Italia come in ogni altro paese moderno. Meditino i piccoli proprietari sulle pagine della storia d'Inghilterra riportate in questo libro, meditino sull'accumulazione capitalista, accresciuta in Italia dalle usurpazioni dei grandi proprietari e dalla liquidazione dei beni ecclesiastici e dei beni demaniali, scuotano il torpore che opprime loro la mente e il cuore, e si persuadano una buona volta che la loro causa è la causa dei lavoratori, perché essi saranno inevitabilmente ridotti tutti, dalla moderna accumulazione capitalista, alla trista condizione: o vendersi al governo per la pagnotta, o scomparire per sempre fra le dense file del proletariato.

C. C.

CAPITOLO I

Merce, moneta, ricchezza e capitale

La merce è un oggetto che ha un doppio valore: valore di uso e valore di scambio, o valore propriamente detto. Se posseggo, per esempio, 20 chili di caffè, io posso, sia consumarli per mio proprio uso, sia scambiarli con 20 metri di tela, o con un abito, o con 250 grammi di argento, se, invece di caffè, ho bisogno di una di queste 3 merci.

Il valore di uso della merce è basato sulle qualità proprie della merce stessa, la quale è, da quelle sue qualità, destinata a soddisfare il tale, e non il tal altro bisogno nostro. Il valore d'uso dei 20 chili di caffè è basato sulle qualità che il caffè possiede; le quali qualità sono tali, che lo rendono atto a darci quella bevanda nota a tutti, ma non lo rendono capace a vestirci, né a servirci di materia per una camicia. È perciò che noi possiamo profittare del valore d'uso dei 20 chili di caffè, solamente se sentiamo bisogno di bere il caffè; ma se invece sentiamo il bisogno di una camicia, o di vestire un abito del valore d'uso dei 20 chili di caffè, non sappiamo che farne; o, per meglio dire, non sapremmo che farne, se accanto al valore d'uso, non vi fosse, nella merce, il valore di scambio. Noi infatti troviamo un altro che possiede un abito, ma che non ne ha bisogno, ed ha bisogno invece di caffè. Allora si fa subito uno scambio. Noi gli diamo i 20 chili di caffè ed egli ci dà l'abito.

Ma succede che le merci, mentre differiscono tutte fra loro per le loro qualità diverse, cioè per il loro valore di uso, si possano poi tutte scambiare fra di loro in date proporzioni? Noi lo abbiamo già detto.

Perché, accanto al valore di uso, trovasi nella merce il valore di scambio. Ora, la base del valore di scambio, o valore propriamente detto, è il lavoro umano richiesto per la produzione. La merce è procreata dal lavoratore; il lavoro umano è la sostanza generativa che le dà l'esistenza. Tutte le merci adunque, benché diverse fra loro per le qualità, sono perfettamente simili nella sostanza, perché, figlie di un medesimo padre, hanno tutte il medesimo sangue nelle loro vene. Se 20 chili di caffè si scambiano con un abito, o con 20 metri di tela, egli è appunto perché per produrre 20 chili di caffè ci vuole tanto lavoro umano, quanto ce ne vuole per produrre un abito, o 20 metri di tela. La sostanza dunque del valore è il lavoro umano, e la grandezza del valore è determinata dalla grandezza dello stesso lavoro umano. La sostanza del valore è la stessa in tutte le merci; dunque non resta che eguagliarne la grandezza, perché le merci siano, come espressione di valore, tutte uguali fra loro, tutte scambiabili cioè l'una con l'altra.

La grandezza del valore dipende dalla grandezza del lavoro; in 12 ore di lavoro si produce un valore doppio di quello che si produce in sei ore solamente. Dunque, direbbe alcuno, più un operaio è lungo a lavorare, per inabilità o per pigrizia, più valore produce. Niente di più falso. Il lavoro, che forma la sostanza del valore, non è il lavoro di Pietro o di Paolo, ma un lavoro medio, che è sempre uguale, e che è detto propriamente lavoro sociale. Esso è quel lavoro, che, in un dato centro di produzione, può farsi in media da un operaio, il quale lavori con una media abilità ed una media intensità.

Conosciuto il doppio carattere della merce, di essere, cioè, un valore di uso e un valore di scambio, si comprenderà che la merce può nascere solamente per opera del lavoro, e di un lavoro utile a tutti. L'aria per esempio, le praterie naturali, la terra vergine ecc. sono utili all'uomo, ma non costituiscono per lui alcun valore, perché non sono il prodotto del suo lavoro e, per conseguenza, non sono merci. Noi possiamo fabbricarci oggetti per i nostri propri usi, ma che non possono essere utili per gli altri; in tal caso non produciamo merci; come ancor meno ne produciamo quando lavoriamo intorno ad oggetti, che non hanno alcuna utilità né per noi né per gli altri.

Le merci, dunque, si scambiano tra loro; l'una, cioè, si presenta come l'equivalente dell'altra. Per la maggiore comodità degli scambi si comincia a servirsi sempre di una data merce come equivalente; la quale esce così dal rango di tutte le altre, per mettersi di fronte ad esse quale equivalente generale, cioè moneta. La moneta perciò è quella merce che, per la consuetudine e per la sanzione legale, ha monopolizzato il posto di equivalente generale. Così è avvenuto da noi per l'argento. Mentre prima 20 chili di caffè, un abito, 20 metri di tela e 250 grammi di argento erano quattro merci, che si scambiavano indistintamente fra loro, oggi invece si ha che 20 chili di caffè, 20 metri di tela ed un abito sono tre merci, che valgono 250 grammi di argento, cioè 50 lire.

Però, sia che lo scambio si faccia immediatamente da merce a merce, sia che lo scambio si faccia mediante la moneta, la legge degli scambi resta sempre la stessa. Una merce non si può mai scambiare con un'altra, se il lavoro che ci vuole per produrre l'una non è uguale al lavoro che ci vuole per produrre l'altra. Questa legge bisogna tenerla bene in mente, perché sopra di essa è fondato tutto ciò che verremo a dire in seguito.

Venuta la moneta, gli scambi diretti od immediati, da merce a merce, finiscono. Gli scambi devono farsi tutti, d'ora in poi, mediante la moneta; dimodoché una merce che voglia trasformarsi in un'altra, deve, prima, da merce trasformarsi in moneta, poi da moneta ritrasformarsi in merce. La formula degli scambi, dunque, non sarà più una catena di merci, ma una catena di merci e moneta. Eccola:

Merce—Moneta—Merce—Moneta—Merce—Moneta

Ora, se in questa formula troviamo indicati i giri che fa la merce, nelle sue successive trasformazioni, troviamo egualmente segnati i giri della moneta. È da questa stessa formula dunque che ricaveremo la formula del capitale.

Quando noi ci troviamo in possesso di un certo cumulo di merci, o di moneta, che è la stessa cosa, noi siamo possessori di una certa ricchezza. Se noi a questa ricchezza possiamo far prendere un corpo, cioè un organismo capace di svilupparsi, avremo un capitale. Prendere un corpo, od un organismo capace di svilupparsi, vuol dire nascere e crescere; e infatti l'essenza del capitale è riposta appunto nella natura possibilmente prolifica della moneta.

La risoluzione del problema (trovare il modo di far nascere il capitale) è contenuta nella risoluzione dell'altro problema: trovare il modo di far aumentare il danaro progressivamente.

Nella formula, che segna i giri delle merci e della moneta, aggiungiamo, al termine moneta, un segno di aumento progressivo indicandolo, per esempio, con un numero e avremo:

Moneta—Merce—Moneta 1—Merce
—Moneta 2—Merce—Moneta 3

Ecco la formula del capitale.

CAPITOLO II

Come nasce il capitale

Esaminando attentamente la formula del capitale, si rileva che in ultima analisi la questione della nascita del capitale si risolve nell'altra questione seguente: trovare una merce che ci dia più di quanto ci è costata; trovare una merce la quale, nelle nostre mani, possa crescere di valore, dimodoché, vendendola, noi venissimo a prendere più denaro di quanto ne spendemmo per comprarla. Deve essere insomma una merce elastica che, nelle nostre mani, stirata alquanto, possa ingrandire il volume del suo valore. Questa merce tanto singolare esiste davvero e si chiama potenza del lavoro, o forza del lavoro.

Ecco l'uomo del denaro, l'uomo che possiede un cumulo di ricchezza, dalla quale vuol far partorire un capitale. Egli viene sul mercato, in cerca appunto di forza di lavoro. Seguiamolo. Egli gira per il mercato, ed incontra il proletario, venutovi appunto per vendere la sua unica merce, la forza del lavoro. Il proletario però non vende la sua forza di lavoro in blocco, non la vende tutta, ma solamente in parte, per un dato tempo, cioè per un giorno, per una settimana, per un mese, ecc. Se egli la vendesse interamente, allora, da mercante, diventerebbe egli stesso una merce; non sarebbe più il salariato, ma lo schiavo del suo padrone.

Il prezzo della forza del lavoro si calcola nel modo seguente. Si prenda il prezzo dei viveri, abiti, abitazione e di quanto altro occorre in un anno al lavoratore per mantenere la sua forza di lavoro, sempre nel suo stato normale; si aggiunga, a questa prima somma, il prezzo di quanto occorre in un anno al lavoratore per procreare, allevare ed educare, secondo la sua condizione, i suoi figli; si divida il totale per 365, quanti sono i giorni dell'anno, e si avrà quanto, ciascun giorno, si richiede per mantenere la forza del lavoro, il suo prezzo giornaliero, che è il salario giornaliero del lavoratore. Se fa parte di questo calcolo anche ciò che occorre al lavoratore per procreare, allevare ed educare i suoi figli, è perché questi sono la continuazione della sua forza lavoro. Se il proletario vendesse non in parte ma in tutto la sua forza lavoro, allora, divenuto egli stesso una merce, cioé schiavo del suo padrone, i figli che egli procreerebbe sarebbero eziandio una merce, cioè schiavi, al pari di lui, del suo padrone; ma, alienando il proletario solamente una parte della sua forza lavoro, egli ha diritto a conservare tutto il resto, che si trova parte in lui e parte nei suoi figli.

Con questo calcolo noi otteniamo l'esatto prezzo della forza lavoro. La legge degli scambi, esposta nel precedente capitolo, dice che una merce non si può scambiare che con un'altra del suo stesso valore, cioè che una merce non si può scambiare con un'altra se il lavoro che ci vuole per produrre l'una non è uguale al lavoro che ci vuole per produrre l'altra. Ora, il lavoro che ci vuole per produrre la forza lavoro è uguale al lavoro che ci vuole per produrre le cose necessarie al lavoratore, e per conseguenza il valore delle cose necessarie al lavoratore è uguale al valore della sua forza lavoro. Se dunque il lavoratore ha bisogno di 3 lire al giorno per tutte le cose che gli sono necessarie, è chiaro che 3 lire sarà il prezzo della sua forza lavoro per una giornata.

Ora supponiamo (e il supposto in nulla ci nuoce) che il salario giornaliero di un operaio, ricercato nel modo testé esposto, ammonti a 3 lire. Supponiamo eziandio che, in 6 ore di lavoro, si possano produrre 15 grammi d'argento, il cui equivalente è 3 lire.

L'uomo del denaro ha intanto stretto il contratto col proletario, pagandogli la sua forza lavoro al suo giusto prezzo di 3 lire al giorno. Egli è un borghese perfettamente onesto ed anche religioso, per cui si guarderebbe bene di *defraudare la mercede all'operaio*. Né si potrà fare l'appunto che il salario viene pagato all'operaio alla fine della giornata o della settimana, cioè dopo che egli ha già prodotto il suo lavoro; perché questo è quanto si pratica anche con altre merci, il cui valore si realizza nell'uso, come è per esempio il fitto di una casa, o di un podere, il cui prezzo si può pagare allo spirare del termine.

Tre sono gli elementi del processo del lavoro: I Forza del lavoro, II Materia del lavoro e III Mezzo del lavoro. Il nostro uomo del denaro, dopo la forza del lavoro, ha comprato sul mercato anche la materia del lavoro, cioè bambagia; il mezzo di lavoro, cioè l'opificio con tutti gli strumenti, è bello e pronto; e, per conseguenza, altro non gli resta a fare che mettersi la via fra le gambe per dare tosto principio all'opera.

«Una certa trasformazione ci sembra essersi operata nella fisionomia dei personaggi del nostro dramma. L'uomo del denaro prende la precedenza e, in qualità di capitalista, cammina per il primo; il possessore della forza lavoro gli tien dietro, come lavoratore che gli appartiene; quegli, dallo sguardo furbo e dall'aspetto altero e affaccendato; questi, timido, esitante, restìo, come chi, avendo portata la sua propria pelle al mercato, non può aspettarsi ormai che una sola cosa: essere conciato»[1].

I nostri due personaggi giungono all'opificio, dove il padrone si affretta a mettere il suo operaio al lavoro, consegnandogli 10 chili di bambagia, essendo questi un filatore di cotone.

Il lavoro si risolve in un consumo degli elementi che lo compongono; consumo di forza lavoro,

---

1 Marx, *Il Capitale,* Capitolo VI. Tutte le citazioni da Marx si riferiscono al primo volume del *Capitale.* D'ora innanzi, daremo le indicazioni per capitolo e per paragrafi.

consumo della materia del lavoro e consumo dei mezzi del lavoro.

Il consumo dei mezzi del lavoro si calcola nel seguente modo. Dalla somma del valore di tutti i mezzi del lavoro, fabbricato, istrumenti caloriferi, carbone, eccetera, si sottragga la somma del valore di tutti i materiali che potranno rimanere dei mezzi di lavoro messi dal consumo fuori d'uso; si divida il risultato di questa sottrazione per il numero di giorni che i mezzi di lavoro possono durare, e si avrà il consumo giornaliero dei mezzi del lavoro.

Il nostro operaio lavora per tutta una giornata di 12 ore. Compiuta la quale, egli ha trasformato i 10 chili di bambagia in 10 chili di filo, che consegna al suo padrone, e lascia l'opificio per ridursi a casa. Strada facendo, però, per quel brutto vizio che hanno gli operai, di voler sempre fare i conti alle spalle dei loro padroni, egli va ricercando nella sua mente quanto il suo padrone potrà guadagnare su quei 10 chili di filo. Non so veramente quanto si paghi il filo, dice fra sé, ma il conto è presto fatto. La bambagia l'ho visto io quando l'ha comprata al mercato a 3 lire al chilo. Tutti i suoi mezzi del lavoro possono avere un consumo di 4 lire al giorno. Dunque:

Per 10 chili di bambagia	L. 30,00
Per consumo di mezzi di lavoro	L. 4,00
Per salario della giornata	L. 3,00
Totale	L. 37,00

I 10 chili di filo valgono 37 lire. Ora sulla bambagia non ci ha guadagnato nulla certamente, perché l'ha pagata al suo giusto prezzo, né un centesimo di più né un centesimo di meno; tale quale ha agito con me, pagando la mia forza lavoro al suo giusto prezzo di 3 lire al giorno; dunque, il suo guadagno egli lo deve trovare vendendo il suo filo per più di quello che vale. Deve essere assolutamente così; se no egli avrebbe speso 37 lire per prendere giusto 37 lire, senza contare il tempo che ha perduto ed il fastidio che si è preso. Guarda mo' come son fatti i padroni! Hanno un bel voler fare gli onesti con l'operaio dal quale comprano la forza lavoro, col mercante dal quale comprano la materia, ma il loro punto debole ce lo hanno sempre, e noialtri operai, che conosciamo le cose del mestiere, lo scopriamo subito. Ma vendere una merce per più di quello che vale è come vendere coi pesi falsi, il che è proibito dall'autorità. Dunque, se gli operai svelassero le frodi dei padroni, questi sarebbero costretti a chiudere i loro opifici; e per far produrre le merci richieste dai bisogni, forse si aprirebbero grandi stabilimenti governativi; il che sarebbe molto meglio.

Così fantasticando l'operaio è giunto a casa; e là, cenato, si è messo a letto e si è addormentato profondamente, sognando la scomparsa dei padroni e la fondazione delle officine governative.

Dormi, povero amico, dormi in pace, frattanto che ti resta ancora una speranza. Dormi in pace, ché il giorno del disinganno non tarderà a venire. Presto imparerai come il tuo padrone possa vendere la sua merce con profitto, senza defraudare alcuno. Egli stesso ti farà vedere come si diventi capitalista, e grosso capitalista, rimanendo perfettamente onesto. Allora i tuoi sonni non saranno più così tranquilli. Tu vedrai nelle tue notti il capitale, come un incubo, che ti preme e minaccia di schiacciarti. Con occhio spaventato lo vedrai ingrossarsi, come un mostro dalle cento proboscidi, che avidamente ricercano i pori del tuo corpo per succhiarne il sangue. E finalmente lo vedrai assumere proporzioni smisuratamente gigantesche, nero e terribile nell'aspetto, con occhi e bocca di fuoco, trasmutare le sue proboscidi in larghissime trombe aspiranti, entro le quali vedrai scomparire migliaia di esseri umani: uomini, donne, fanciulli. Dalla tua fronte colerà allora il sudore della morte, perché la volta tua, della tua moglie e dei tuoi figli starà per arrivare... Ed il tuo ultimo gemito sarà coperto dallo sghignazzare allegro del mostro, felice del suo stato, tanto più prospero, tanto più inumano.

Torniamo al nostro uomo del denaro.

Questo borghese, modello di esattezza e di ordine, ha regolato tutti i suoi conti della giornata; ed ecco come ha ricercato il prezzo dei suoi 10 chili di filo:

Per 10 chili di bambagia a 3 lire di chilo	L. 30,00
Per consumo di mezzi del lavoro	L. 4,00

Ma circa il terzo elemento, entrato nella formazione della sua merce, egli non ha segnato il salario pagato all'operaio. Egli conosce molto bene che passa una grande differenza tra il prezzo del lavoro ed il prodotto della forza lavoro. Il salario di una giornata rappresenta quanto ci vuole per mantenere l'operaio per 24 ore, ma non rappresenta affatto ciò che l'operaio produce in una giornata di lavoro. Il nostro uomo del denaro sa benissimo che le 3 lire di salario da lui pagate rappresentano il mantenimento per 24 ore del suo operaio, ma non ciò che questi ha prodotto nelle 12 ore che ha lavorato nel suo opificio. Egli sa tutto questo, precisamente come l'agricoltore sa la differenza che passa fra ciò che il mantenimento di una vacca gli costa per stalla, nutrimento, eccetera, e ciò che essa gli rende in latte, cacio, burro, eccetera. La forza lavoro ha la qualità singolare di rendere più di quanto costa ed è per questo, appunto, che l'uomo del denaro è andato a comprarla sul mercato. Né in ciò l'operaio ha niente da ridire. Egli ha ritirato il giusto prezzo della sua merce; la legge degli scambi è stata perfettamente osservata; ed egli non ha il diritto di ingerirsi dell'uso che il compratore ne farà, come non ne ha il droghiere d'ingerirsi dell'uso che il suo avventore farà dello zucchero e del pepe comprato nella sua bottega.

Noi abbiamo supposto di sopra che, in 6 ore di lavoro, si producono 15 grammi d'argento, equivalenti a 3 lire. Dunque, se in 6 ore la forza lavoro produce un valore di 3 lire, in 12 ore ne produrrà uno di 6 lire. Ecco dunque il conto, che ci indica il valore dei 10 chili di filo:

Per 10 chili di bambagia a 3 lire il chilo	L. 30,00
Per consumo di mezzi del lavoro	L. 4,00
Per dodici ore di forza del lavoro	L. 6,00
Totale	L. 40,00

L'uomo del denaro ha quindi speso 37 lire ed ha ottenuto una merce che vale 40 lire; ha guadagnato così 3 lire; il suo denaro ha figliato.

Il problema è sciolto. È nato il capitale.

CAPITOLO III

La giornata di lavoro

Il capitale, nato appena, sente tosto il bisogno di nutrimento per svilupparsi; ed il capitalista, il quale non vive ora che della vita del capitale, si preoccupa attentamente dei bisogni di quest'essere, divenuto il suo cuore e la sua anima, e trova il modo di soddisfarli.

Il primo mezzo, impiegato dal capitalista a pro del suo capitale, è il prolungamento della giornata di lavoro. Certamente che la giornata di lavoro ha i suoi limiti. Anzitutto un giorno non consta che di 24 ore; poi bisogna da queste 24 ore toglierne un certo numero, perché l'operaio possa soddisfare tutti i suoi bisogni fisici e morali: dormire, nutrirsi, riposare le sue forze, eccetera. «Ma questi limiti sono per loro stessi molto elastici e lasciano la più grande latitudine. Così noi troviamo giornate di lavoro di 10, 12, 14, 16 e 18 ore, cioè delle più svariate lunghezze. Il capitalista ha comprato la forza lavoro per il suo valore giornaliero. Egli ha dunque acquistato il diritto di fare lavorare, durante tutto il giorno, il lavoratore al suo servizio. Ma che cosa è un giorno di lavoro? In ogni caso esso è minore di un giorno naturale. Di quanto? Il capitalista ha la sua propria maniera di vedere su questo limite necessario della giornata di lavoro. Il tempo nel quale l'operaio lavora è il tempo nel quale il capitalista consuma la forza lavoro che egli ha comprato dall'operaio. Se il salariato consuma per se medesimo il tempo che ha disponibile, egli ruba al capitalista. Il capitalista se ne appella dunque alla legge dello scambio delle merci. Egli cerca, come ogni altro compratore, di tirare dal valore d'uso della merce la più grossa parte possibile. Ma ecco che si leva la voce del lavoratore, e dice: "La merce che io ti ho venduto si distingue dalla turba di tutte le altre merci, perché il suo uso crea valore, e un valore più grande del suo costo stesso. È perciò che tu l'hai comprata. Ciò che a te sembra accrescimento di capitale, è per me eccedenza di lavoro. Tu ed io non conosciamo sul mercato che una legge, quella degli scambi delle merci. Il consumo della merce appartiene non al venditore che l'aliena, ma al compratore che l'acquista. L'uso della mia forza di lavoro ti appartiene dunque. Ma col prezzo quotidiano della sua vendita io devo ogni giorno poterla riprodurre e vendere di nuovo. Astrazione fatta dall'età e dalle altre cause naturali di deperimento, io devo essere tanto vigoroso e destro domani come oggi, per riprendere il mio lavoro con la medesima forza. Tu mi predichi costantemente il vangelo del *risparmio*, dell'*astinenza* e dell'*eco-*

nomia. Benissimo! Io voglio, da amministratore savio e intelligente, economizzare la mia unica fortuna, la mia forza lavoro, ed astenermi da ogni folle prodigalità. Io voglio ciascun giorno metterne in movimento, convertirne in lavoro, spenderne, in una parola, solamente tanto quanto sarà compatibile con la sua durata normale e col suo sviluppo regolare. Con un prolungamento oltre misura della giornata di lavoro tu puoi in un sol giorno mobilizzare una così grande quantità della mia forza lavoro che io non la posso sostituire nemmeno con tre giornate. Ciò che tu guadagni in lavoro io lo perdo in sostanza. Ora, l'impiego della mia forza ed il suo sfruttamento sono due cose interamente differenti. Se l'ordinario periodo della vita di un operaio, data una media ragionevole di lavoro, è di trent'anni, e tu consumi in dieci anni la mia forza lavoro, tu non mi paghi che un terzo del suo valore giornaliero, tu mi rubi ogni giorno due terzi della mia merce. Tu paghi una forza lavoro di un giorno, mentre ne consumi una di tre. Io domando dunque una giornata di lavoro di una durata normale, e la domando senza fare appello al tuo cuore, perché in affari non v'ha posto per il sentimento. Tu puoi essere un borghese modello, forse anche membro della Società protettrice degli animali, e per soprammercato in odore di santità; poco importa. Ciò che tu rappresenti di fronte a me è affatto estraneo a ciò che può interessare il mio cuore.

Io esigo la giornata di lavoro normale, perché voglio il valore della mia merce come ogni altro venditore".

«Come si vede, siamo entro limiti molto elastici e la natura stessa dello scambio delle merci non impone alcun limite alla giornata di lavoro. Il capitalista sostiene il suo diritto come compratore, quando cerca di prolungare questa giornata il più che gli è possibile e di fare di due giorni uno solo. D'altra parte la natura speciale della merce venduta esige che il suo consumo per il compratore non sia illimitato, e il lavoratore sostiene il suo diritto come venditore, quando vuole restringere la giornata di lavoro ad una durata normalmente determinata. V'ha dunque diritto contro diritto, tutti due portanti il sigillo della legge che regola gli scambi delle merci. Fra due diritti uguali chi decide? la Forza[1]».

Come agisca la forza, oggi tutta del capitale e per il capitale, ce lo diranno i fatti, che ora verremo esponendo. I fatti citati in questo libro sono presi tutti dall'Inghilterra: primieramente, perché questo è il paese dove la produzione capitalista ha raggiunto il massimo suo sviluppo, verso il

---

[1] Marx, Capitolo X, § 1 - I brani riportati testualmente sono talora la riunione di diversi brani del *Capitale,* che trovati confacenti a questo compendio hanno potuto essere riuniti insieme, tal'altra sono soltanto frammenti di un lungo brano. Naturalmente in questo lavoro di riunione e separazione è stato spesso necessario aggiungere qualche particella al testo. È bene che di ciò sia avvertito il lettore. *(Nota di Cafiero)*

quale, del resto, tendono tutti i paesi civili; e, in secondo luogo, perché solamente in Inghilterra si ha un confacente materiale di documenti, riguardanti le condizioni del lavoro, e raccolti per opera di regolari Commissioni governative. I modesti limiti di questo compendio non consentono, però, che la riproduzione di una sola piccola parte dei ricchi materiali raccolti nell'opera di Marx.

Ecco alcuni dati presi dalle inchieste fattesi nel 1860 e 1863 nell'industria ceramica. W. Wood, di nove anni, aveva 7 anni e 10 mesi quando cominciò a lavorare. Egli lavorava tutti i giorni della settimana, dalle 6 del mattino sino alle 9 di sera, cioè 15 ore al giorno. J. Murray, di 12 anni, lavorava a portare le forme e a girare la ruota. Egli cominciava a lavorare alle 6, qualche volta perfino alle 4 del mattino; e il suo lavoro era prolungato, talvolta, sino al giorno susseguente. E non era solo, ma in compagnia di altri 8 o 9 ragazzi, che erano trattati come lui. Il chirurgo Charles Piarson così scrive ad un Commissario governativo: «Io non posso parlare che basandomi sulle mie osservazioni personali e non sulla statistica; e certifico che sono stato spesso immensamente nauseato dalla vista di questi poveri fanciulli, la cui salute è sacrificata per soddisfare con un lavoro eccessivo la cupidigia dei loro genitori e di quelli che li impiegano». Egli enumera le cause di malattia dei vasai e chiude la lista con la causa principale, cioè, *le lunghe ore di lavoro*.

Nelle fabbriche di fiammiferi la metà dei lavoratori sono fanciulli al di sotto di 13 anni e adolescenti al di sotto di 18. È solamente la parte più povera della popolazione, che presta i suoi figli a questa industria tanto malsana e ripugnante. Fra i testimoni che il Commissario White intese nel 1863 ve n'erano 270 al di sotto di 18 anni, 40 al di sotto di 10 anni, 12 di 8 anni e perfino 5 di soli 6 anni. La giornata di lavoro variava fra le 12, 14 e 15 ore. Essi lavoravano la notte, prendendo il cibo ad ore irregolari, e quasi sempre nel medesimo locale della fabbrica, tutto impastato dal fosforo.

Nelle fabbriche di tappezzerie, durante il tempo dei maggiori affari, che è da ottobre ad aprile, il lavoro dura quasi senza interruzione dalle 6 di mattino sino alle 10 della sera; è protratto talvolta anche nella notte. Nel verno 1862, su 19 fanciulle, 6 non si videro più a causa di malattie causate dall'eccesso di lavoro. Le altre per tenerle deste bisognava scuoterle. I fanciulli erano tanto stanchi, che non potevano tenere gli occhi aperti. Un operaio depone innanzi alla Commissione d'inchiesta, in questi termini: «Il mio piccolo figlio che vedete, io soleva portarmelo sulle spalle, quando egli aveva 7 anni, per andare e venire dalla fabbrica, a causa della neve, ed egli lavorava ordinariamente 16 ore!... Ben sovente io mi sono accosciato vicino a lui per farlo mangiare mentr'egli era alla macchina, perché non doveva abbandonarla, né interrompere il suo lavoro».

Verso la fine di giugno 1863, i giornali di Londra menarono gran rumore per la morte, causata semplicemente da eccesso di lavoro, di una modista di 20 anni, impiegata in una casa che serviva la Corte. Essa, che d'ordinario lavorava 16 ore e mezza al giorno, tempo normale delle modiste, avea dovuto, per un ballo di Corte, lavorare straordinariamente per ben 26 ore e mezza senza interruzione, con altre 60 fanciulle. Ma prima di compiere il suo lavoro era morta. Il medico, giunto troppo tardi al suo letto, la dichiarò morta per lunghe ore di lavoro in un laboratorio troppo pieno di gente ed in una camera da letto troppo stretta e senza ventilazione.

In uno dei quartieri più popolari di Londra, la mortalità dei fabbri, ogni anno, è di 31 su 1000. Quest'arte, che pur tanto concorda con la struttura umana, in causa della esagerazione del lavoro diventa distruttiva dell'uomo.

Ecco come il capitale sferza il lavoro, il quale, dopo molto soffrire, cerca alla fine di resistergli. I lavoratori si coalizzano e domandano, al potere sociale, la determinazione di una giornata normale di lavoro. Quanto da ciò possano ottenere, si comprende facilmente, considerando che la legge deve essere fatta ed applicata dagli stessi capitalisti, contro i quali gli operai vorrebbero farla valere.

CAPITOLO IV

Il plusvalore relativo

La forza lavoro, producendo un valore maggiore di quanto essa vale, cioè un plusvalore, ha generato il capitale; ingrossando poi questo plusvalore col prolungamento della giornata di lavoro, ha procurato al capitale nutrimento sufficiente per la sua prima età. Il capitale cresce, ed il plusvalore deve aumentare per soddisfare il cresciuto bisogno. Aumento di plusvalore, però, altro non vuol dire, come abbiamo già visto, che prolungamento della giornata di lavoro, la quale ha pure infine il suo limite necessario, per quanto essa sia una lunghezza molto elastica. Per poco che sia il tempo che il capitalista lascia all'operaio per la soddisfazione dei suoi più stretti bisogni, la giornata di lavoro sarà sempre minore delle 24 ore. La giornata di lavoro incontra dunque un limite naturale, e il plusvalore, per conseguenza, un ostacolo insormontabile. Indichiamo una giornata di lavoro con la linea A B.

A———————*D*——— *C*——————*B*

La lettera A ne indichi il principio e B la fine, quel termine naturale, cioè, oltre il quale non è possibile andare. Sia AC la parte della giornata in cui l'operaio produce il valore del salario ricevuto e CB la parte della giornata in cui l'operaio produce il plusvalore. Il nostro filatore di cotone, infatti, vedemmo che, ricevendo 3 lire di salario, con una metà della sua giornata riproduceva il valore del suo salario, e con l'altra metà produceva 3 lire di plusvalore. Il lavoro AC, con cui si produce il valore del salario, dicesi lavoro necessario, mentre il lavoro CB, che produce il plusvalore, chiamasi sopralavoro. Il capitalista è assetato di sopralavoro, perché è questo che genera il plusvalore. Il sopralavoro prolungato prolunga la giornata di lavoro, la quale finisce per incontrare il suo limite naturale B, che presenta un ostacolo insormontabile al sopralavoro ed al plusvalore. Che fare allora? Il capitalista trova presto il rimedio. Egli osserva che il sopralavoro ha due limiti, l'uno B, fine della giornata di lavoro, l'altro C, fine del lavoro necessario; se il limite B è irremovibile, non sarà così del limite C. Riuscendo a trasportare il punto C sino al punto D, si avrebbe il sopralavoro CB cresciuto della lunghezza DC, proprio in quanto diminuirebbe il lavoro necessario AC. Il plusvalore troverebbe così il modo di continuare a crescere, non nel modo assoluto come prima, cioè prolungando sempre la giornata di lavoro, ma in relazione del crescere del sopralavoro sul corrispondente diminuire del lavoro necessario. Il primo era plusvalore assoluto, questo è plusvalore relativo.

Il plusvalore relativo si fonda sulla diminuzione del lavoro necessario; la diminuzione del lavoro necessario si fonda sulla diminuzione del salario; la diminuzione del salario si fonda sulla diminuzione del prezzo delle cose, che sono necessarie all'operaio; dunque il plusvalore relativo è fondato sul ribasso delle merci che servono all'operaio.

E ci sarebbe pure un mezzo più spiccio per produrre il plusvalore relativo, dirà qualcuno, e sarebbe di pagare al lavoratore un salario minore di quello che gli spetta, cioè non pagargli il giusto prezzo della sua merce, la forza lavoro. Questo espediente, molto usato infatti, non può essere da noi menomamente considerato, perché non ammettiamo che la più perfetta osservanza della legge degli scambi, secondo la quale tutte le merci, e per conseguenza anche la forza del lavoro, devono essere vendute e comprate al loro giusto valore. Il nostro capitalista, come già vedemmo, è un borghese assolutamente onesto; egli non userà mai, per ingrossare il suo capitale, un mezzo che non sia interamente degno di lui.

Supponiamo che, in una giornata di lavoro, un operaio produca 6 articoli di una merce, che il capitalista vende per il prezzo di L. 7,50, perché nel valore di questa merce la materia ed i mezzi di lavoro ci entrano per L. 1,50 e la forza del lavoro di 12 ore per 6 lire: tutti tre gli elementi, quindi, per L. 7,50. Il capitalista trova sul valore di L. 7,50, che ha la sua merce, un plusvalore di 3 lire e sopra ogni articolo un plusvalore di L. 0,50, perché spende L. 0,75 e ricava L. 1,25 da ognuno di essi. Supponiamo che con un nuovo sistema di lavoro, o solamente con un perfezionamento del vecchio, si giunga a raddoppiare la produzione, e che, invece di 6 articoli al giorno, il capitalista riesca ad ottenerne 12. Se in 6 articoli entravano per L. 1,50 la materia ed i mezzi di lavoro, in 12 vi entreranno per 3 lire, sempre cioè per L. 0,25 in ogni articolo. Queste 3 lire unite alle 6 lire prodotte dalla forza lavoro in 12 ore, formano 9 lire, cioè quanto costano i 12 articoli, ciascuno dei quali viene perciò al prezzo di L. 0,75.

Il capitalista ha oggi bisogno di farsi un posto più largo sul mercato per vendere una quantità doppia della sua merce; e vi riesce restringendone alquanto il prezzo. In altri termini il capitalista ha bisogno di far sorgere una ragione, per la quale i suoi articoli si possano vendere sul mercato nel doppio numero di prima; e la ragione la trova appunto nel ribasso di prezzo. Egli venderà, dunque, i suoi articoli ad un prezzo alquanto minore di L. 1,25, che era il loro prezzo di prima, ma maggiore di L. 0,75 quanto vale oggi ciascuno di essi. Li venderà ad una lira l'uno, e avrà così assicurato il doppio smercio dei suoi articoli, sui quali guadagna oggi 6 lire; 3 lire di plusvalore e 3 lire di differenza tra il loro valore ed il prezzo al quale sono venduti.

Come si vede, il capitalista ricava un grande utile da questo aumento di produzione. Tutti i capitalisti sono quindi altamente interessati ad aumentare i prodotti delle loro industrie, ed è ciò che essi riescono a fare ogni giorno in qualsiasi genere di produzione. Il loro guadagno straordinario, però, quello che rappresenta la differenza fra il valore della merce ed il prezzo al quale si vende, dura poco, perché presto il nuovo od il perfezionato sistema di produzione viene adottato da tutti per necessità. Allora si ha per risultato che il valore della merce diminuisce della metà. Prima ogni articolo valeva L. 1,25; oggi invece vale centesimi 62 e mezzo. Il capitalista però viene sempre ad ottenere lo stesso profitto, avendo raddoppiata la produzione. Prima 3 lire di plusvalore sopra 6 articoli ed oggi 3 lire di plusvalore sopra 12 articoli; ma siccome i 12 articoli sono prodotti nello stesso tempo che erano prodotti i 6 articoli, cioè in 12 ore di lavoro, si ha, come ultimo risultato sempre 3 lire di plusvalore su di una giornata di 12 ore, ma il doppio di produzione.

Quando questo aumento di produzione riguarda le merci necessarie al lavoratore, porta per conseguenza il ribasso del prezzo della forza lavoro, e quindi la diminuzione del lavoro necessario e l'aumento del sopralavoro, che costituisce il plusvalore relativo.

CAPITOLO V

Cooperazione

È da un pezzetto che non ci siamo più occupati dei fatti del nostro capitalista, il quale ha dovuto certamente prosperare in questo frattempo. Rechiamoci al suo opificio, dove forse avremo il piacere di rivedere il nostro amico, il filatore. Eccoci giunti. Entriamo.

Oh, sorpresa! Non più un operaio, ma una grande quantità d'operai si trovano ora al lavoro: tutti in silenzio ed ordinati come se fossero tanti soldati. Né vi mancano sorveglianti ed ispettori che a guisa di ufficiali passeggiano fra i ranghi, tutto osservando, dando ordini, o sorvegliandone la fedele esecuzione. Del capitalista non se ne vede neppure l'ombra. Si apre una porta a vetri che mette nell'interno, forse sarà lui; vediamo. È un grave personaggio, ma non è il nostro capitalista. I sorveglianti gli si fanno premurosamente intorno, e ricevono con la massima attenzione i suoi ordini. Odesi il suono d'un campanello elettrico; uno dei sorveglianti corre ad applicare il suo orecchio alla bocca di un tubo di metallo, che dalla volta scende lungo il muro; e viene tosto ad annunziare al signor direttore che il padrone lo chiama presso di lui a conferenza. Cerchiamo nella folla degli operai il filatore di nostra vecchia conoscenza; e finalmente ci viene fatto trovarlo in un angolo, tutto dedito al lavoro. Egli è divenuto scarno e pallido in volto: sulla sua faccia si legge un profondo pensiero di tristezza. Un giorno lo vedemmo sul mercato contrattare la sua forza lavoro da pari a pari con l'uomo del denaro; ma quanto è oggi cresciuta la distanza fra loro! Egli è oggi un operaio perduto nella folla dei molti che popolano l'opificio, e oppresso da una giornata di lavoro straordinariamente lunga; mentre l'uomo del denaro, divenuto già grosso capitalista, se ne sta come un dio nell'alto del suo Olimpo, da dove manda gli ordini al suo popolo attraverso una schiera d'intermediari.

Che mai dunque è avvenuto? Niente di più semplice. Il capitalista ha prosperato. Il capitale è di molto cresciuto, e, per soddisfare i suoi nuovi bisogni, il capitalista ha stabilito il lavoro cooperativo, che è il lavoro fatto con l'unione delle forze. In quell'opificio, dove altra volta funzionava una sola forza lavoro, oggi vi funziona tutta una cooperazione di forze lavoro. Il capitale è uscito dalla sua infanzia, e si presenta per la prima volta sotto il suo vero aspetto.

I vantaggi che il capitale trova nella cooperazione si possono ridurre a quattro.

Primieramente è nella cooperazione che il capitale realizza la vera forza lavoro sociale. La forza lavoro sociale essendo, come già dicemmo, la media presa in un dato centro di produzione fra un numero di operai che lavorano con un grado medio di abilità e d'intensità, è chiaro che ogni singola forza lavoro si scosterà più o meno dalla forza media o sociale, la quale si può perciò ottenere solamente riunendo nello stesso opificio un gran numero di forze lavoro; cioè nella cooperazione.

Il secondo vantaggio è l'economia dei mezzi di lavoro. Lo stesso opificio, gli stessi caloriferi, eccetera, che servivano ad uno solo, oggi servono per molti operai.

Il terzo vantaggio della cooperazione è l'aumento della forza lavoro. «Come la forza d'attacco di uno squadrone di cavalleria o la forza di resistenza d'un reggimento di fanteria differiscono essenzialmente dalla somma delle forze individuali spiegate isolatamente da ciascun cavaliere o fantaccino, nella stessa guisa la somma delle forze meccaniche di operai isolati differisce dalla forza meccanica che si sviluppa tosto che essi funzionino congiuntamente e simultaneamente in una medesima operazione indivisa»[1].

Il quarto vantaggio è la possibilità di combinare in modo le forze da poter eseguire lavori che con le forze isolate o non si sarebbero potuti compiere, o si sarebbero compiuti in modo

1 Marx, Cap. XIII, § I

molto imperfetto. Chi non ha visto come 50 operai possono cambiare di posto enormi masse in un'ora, mentre una forza lavoro non giungerebbe, in 50 ore di seguito, nemmeno a smuoverle di un capello? Chi non ha visto come 12 operai, disposti a scala lungo l'impalcatura di una casa in costruzione, facciano passare in un'ora una quantità di materiali immensamente più grande di quella che un solo operaio farebbe passare in 12 ore? Chi non comprende come 20 muratori possano fare in un giorno assai più lavoro di quanto ne possa fare uno solo in 20 giorni?

«La cooperazione è il *modo fondamentale* della produzione capitalista»[2].

---

2 MARX, Cap. XIV, § I

CAPITOLO VI

Divisione del lavoro e manifattura

Quando il capitalista riunisce nel suo opificio gli operai che eseguiscono le diverse parti di lavoro, le quali compongono tutto il lavoro di una merce, allora egli dà alla cooperazione semplice un carattere tutto speciale; egli stabilisce la divisione del lavoro e la manifattura; la quale altro non è che «un organismo di produzione, le cui membra sono uomini»[1].

Benché la manifattura sia sempre fondata sulla divisione del lavoro, pure essa ha una doppia origine. Infatti in alcuni casi la manifattura ha riunito nel medesimo opificio le diverse lavorazioni richieste per compimento di una merce, le quali prima, come tanti mestieri speciali, rimanevano distinte e divise tra loro; in altri casi essa ha divise, pur conservandole nel medesimo opificio, le diverse operazioni di lavoro, che prima formavano un tutto nel compimento di una merce. «Una carrozza era il prodotto collettivo dei lavori di un gran numero di artigiani indipendenti gli uni dagli altri, come carradori, sellai, sarti, chiavaiuoli, lavoranti di cinture, tornitori, spinettari, vetrai,

---

[1] Marx, Cap. XIV, § I

dipintori, verniciatori, doratori, ecc. La manifattura carrozziera li ha riuniti tutti in un medesimo locale, dove essi lavorano nel medesimo tempo e mano a mano. Non si può, è vero, dorare una carrozza prima che essa sia fatta; ma se si fanno molte carrozze nello stesso tempo, le une forniscono costantemente lavoro ai doratori, mentre le altre passano per altri processi di fabbricazione»[2].

La lavorazione dello spillo è stata dalla manifattura divisa in più di venti lavorazioni parziali, che formano le parti della lavorazione totale dello spillo. La manifattura, dunque, talora riunisce più mestieri in uno solo, e talora divide un mestiere in più.

La manifattura moltiplica le forze e gli strumenti di lavoro, ma li rende eminentemente tecnici e semplici, applicandoli costantemente ad una sola ed unica operazione elementare.

Grandi sono i vantaggi che il capitale realizza nella manifattura, destinando le diverse forze lavoro ad operazioni elementari e costantemente le stesse. La forza lavoro acquista moltissimo in intensità e precisione. Tutti quei piccoli intervalli, che a guisa di pori si trovano fra le diverse fasi della lavorazione di una merce eseguita da un solo individuo, scompariscono, quando questo individuo esegue sempre la stessa operazione. L'operaio non deve più d'ora

2 MARX, Cap. XIV, § I

in poi imparare tutto un mestiere ma una semplice, un'unica operazione del mestiere stesso, che egli impara in molto meno tempo e con minore spesa di quanto ne abbisognava per imparare un mestiere intero. Questa diminuzione di spesa e di tempo è una diminuzione di cose occorrenti all'operaio, cioè una diminuzione di lavoro necessario, ed un aumento corrispondente di sopralavoro e plusvalore. Il capitalista, da vero parassita, s'ingrassa sempre più a spese del lavoro, ed il lavoratore ne soffre grandemente.

«La manifattura rivoluziona da cima a fondo il modo di lavoro individuale e attacca nella sua radice la forza lavoro. Essa storpia il lavoratore, essa fa di lui qualche cosa di mostruoso, attivando lo sviluppo fittizio della sua abilità di dettaglio e sacrificando una grande quantità di disposizioni e d'istinti produttori, nella stessa guisa che, negli Stati della Plata, si immola un toro per avere la sua pelle ed il suo sego».

«Non è solamente il lavoro che è diviso, suddiviso e ripartito fra diversi individui, è l'individuo stesso che è sminuzzato e trasformato in molla automatica in una operazione esclusiva, di guisa che si trova realizzata la favola assurda di Menenio Agrippa, rappresentante un uomo come frammento del suo proprio corpo. Stewart chiama gli operai delle manifatture *automi viventi impiegati nei dettagli di un'opera*».

«Originariamente l'operaio vende al capitalista la sua forza lavoro, perché i mezzi materiali della produzione gli mancano. Ora la sua forza lavoro rifiuta ogni servizio se non è venduta. Per poter funzionare gli abbisogna quel centro sociale il quale non esiste che nell'opificio del capitalista. Nella stessa guisa che il popolo eletto portava scritto sul suo fronte che egli era proprietà di Jeova, così l'operaio di manifattura è marcato a fuoco col sigillo della divisione del lavoro, che lo rivendica come proprietà del capitale. Storch dice: "L'operaio che porta nelle sue mani tutto un mestiere può andare dappertutto ad esercitare la sua industria, e trovare i mezzi di sussistere; l'altro (quello delle manifatture) non è che un accessorio il quale, separato dai suoi confratelli, non ha più né capacità né indipendenza e che si trova forzato d'accettare la legge, che si trova opportuno di imporgli".

«Le potenze intellettuali della produzione si sviluppano da un lato solo, perché scompaiono su tutti gli altri. Ciò che gli operai particellari perdono, si concentra di fronte ad essi nel capitale. La divisione manifatturiera oppone loro la potenza intellettuale della produzione come proprietà d'altri e come potere che li domina. Questa scissione comincia ad apparire nella cooperazione semplice, dove il capitalista rappresenta, di fronte al lavoratore isolato, l'unità e la volontà del lavoratore collettivo; essa si sviluppa poi nella manifattura, che mutila il lavoratore al punto di ridurlo una particella di se stesso; essa si compie infine nella grande industria, che fa della scienza una forza produttiva indipendente dal lavoro e arruola questo al servizio del capitale».

«Nella manifattura, l'arricchimento del lavoratore collettivo, e per conseguenza del capitale, in forze produttive sociali, ha per condizione l'impoverimento del lavoratore in forze produttive individuali».

«"L'ignoranza" dice Ferguson "è la madre dell'industria come lo è della superstizione. La riflessione e l'immaginazione possono smarrirsi; ma l'abitudine di muovere il piede o la mano non dipende né dall'una né dall'altra. Così potrebbesi dire che la perfezione, rispetto alle manifatture, consiste nel poter fare a meno dell'intelligenza, di maniera che l'officina, non avendo bisogno di forze intellettuali, possa essere considerata come una macchina le cui parti sono uomini." Egli è per questo che un certo numero di manifatture, verso la metà del XVIII secolo, impiegavano di preferenza per certe operazioni, che formavano un segreto di fabbrica, operai mezzo idioti.

Smith dice: "L'intelligenza della maggior parte degli uomini si forma necessariamente per mezzo delle loro occupazioni ordinarie. Un uomo, che passa tutta la vita ad eseguire un piccolo numero d'operazioni semplici..., non ha nessuna occasione di sviluppare la sua intelligenza, né di esercitare la sua immaginazione... Egli diventa, in generale, tanto ignorante e tanto stupido per quanto è possibile ad una creatura umana il diventarlo"». Dopo aver dipinto l'istupidimento dell'operaio particellario, A. Smith continua così: «"L'uniformità della sua vita stazionaria corrompe naturalmente la gagliardia del suo spirito..., essa degrada perfino l'attività del suo corpo e lo rende incapace di spiegare la sua forza con vigore e perseveranza in un qualsiasi altro impiego che non sia quello per il quale egli è stato educato. Così la destrezza del suo mestiere è una qualità ch'egli pare abbia acquistato a spese delle sue virtù intellettuali, sociali e guerriere. Ora, in ogni società industriale e civile, questo è lo stato nel quale deve necessariamente cadere l'operaio povero, cioè la grande massa del popolo"». Per rimediare a questo deterioramento completo, che risulta dalla divisione del lavoro, A. Smith raccomanda l'istruzione popolare obbligatoria, pur consigliando d'amministrarla con prudenza e a dosi omeopatiche. Il suo traduttore e commentatore francese, G. Garnier, questo senatore predestinato del primo Impero, ha dato prova di logica, combattendo anche questo consiglio. L'istruzione del popolo, secondo lui, è in contraddizione con le leggi della divisione del lavoro e adottarla sarebbe proscrivere tutto il nostro sistema sociale... «"Come tutte le altre divisioni del lavoro, quella che esiste tra il lavoro meccanico ed il lavoro intellettuale si accentua in una maniera sempre più forte e più recisa, a misura che la Società avanza verso uno stato più opulento.

Garnier chiama *società* lo Stato con la proprietà fondiaria, il capitale, eccetera.

Questa divisione, come tutte le altre, è un effetto dei progressi passati ed una causa dei progressi avvenire... Il governo dovrà dunque occuparsi a contrariare questa divisione di lavoro ed a ritardarla nel suo cammino naturale? Dovrà impiegare una porzione delle pubbliche entrate per cercare di fondere e mescolare due generi di lavoro, che tendono da se stessi a dividersi?"»

«Ferguson dice: "L'arte di pensare, in un tempo in cui tutto è separato, può da se stessa formare un mestiere a parte"».

«Un certo intristimento di corpo e di spirito è inseparabile dalla divisione del lavoro nella società. E siccome il periodo manifatturiero esagera questa divisione sociale e nell'istesso tempo che con la divisione sua particolare attacca l'individuo nella radice stessa della sua vita, così è desso che per il primo fornisce l'idea e la materia d'una patologia industriale. Ramazzini, professore di medicina pratica in Padova, pubblicò nel 1713 la sua opera: *De morbis artificum* ('Sulle malattie degli artigiani'). Il suo catalogo delle malattie degli operai è stato naturalmente molto aumentato dall'epoca della grande industria, come lo dimostrano gli scrittori che vennero dopo di lui: dottore A.L. Fonterel, Parigi 1858, Eduardo Reich, Erlangen, 1868, ed altri; nonché l'inchiesta iniziata, nel 1854, dalla Società dei mestieri, in Inghilterra, e i Rapporti ufficiali sulla pubblica sanità».

«D. Urquhart dice: "Suddividere un uomo, vuol dire giustiziarlo, se egli ha meritato una sentenza di morte; vuol dire assassinarlo, se non la merita. La suddivisione del lavoro è l'assassinio d'un popolo"»

«Hegel aveva opinioni molto eretiche sulla divisione del lavoro. Nella sua *Filosofia del Diritto* dice: "Per uomo colto devesi dunque intendere colui che fa tutto ciò che fanno gli altri"».

«"La divisione del lavoro, nella sua forma capitalistica, non è che un metodo particolare di produrre il plusvalore relativo, o di accrescere, a spese del lavoratore, la rendita del capitale, ciò che chiamasi *ricchezza nazionale*. A spese del lavoratore, essa sviluppa la forza collettiva del lavoro a pro' del capitalista. Essa crea circostanze nuove, che assicurano la dominazione del capitale sul lavoro. Essa è una fase necessaria della formazione economica della società, un mezzo civile e raffinato di sfruttamento!"»[3].

---

3 MARX, Cap. XIV, § IV e V

CAPITOLO VII

Macchine e grande industria

«John Stuart Mill, nei suoi *Principii d'economia politica*, dice: "Resta ancora a sapere se le invenzioni meccaniche, fatte insino ad oggi, abbiamo alleggerito il lavoro quotidiano di un essere umano qualunque". Non era questo il loro scopo. Come ogni altro sviluppo della forza produttiva del lavoro, l'impiego capitalista delle macchine non tende che a diminuire il prezzo delle merci, a raccorciare la parte della giornata, nella quale il lavoratore lavora per se stesso, affine di allungare l'altra, nella quale egli non lavora che per il capitalista. È un metodo particolare per fabbricare plusvalore relativo»[1].

Ma chi è che pensa mai al lavoratore? Se il capitalista si occupa di lui, è solamente per studiare il modo migliore di sfruttarlo. L'operaio vende la sua forza lavoro, ed il capitalista la compra, come l'unica merce che, con il suo plusvalore, possa fargli nascere e crescere il capitale. Il capitalista, dunque, d'altro non si occupa che di fabbricare sempre più plusvalore. Dopo aver esaurito le risorse del plusvalore assoluto, ha trovato il plusvalore relativo. Egli ora vede che con le

[1] MARX, Cap. XV, § I

macchine si può ottenere nello stesso tempo un prodotto due volte, quattro volte, dieci volte, eccetera, più grande di prima; e adotta le macchine. La cooperazione, la manifattura, si trasforma così in grande industria ed il suo opificio in fabbrica.

Il capitalista, dopo aver mutilato e storpiato l'operaio con la divisione del lavoro, dopo di averlo limitato ad una sola operazione parziale, ci fa assistere ad uno spettacolo più triste ancora. Egli strappa dalle mani del lavoratore quell'unico arnese, il quale gli ricordava ancora la sua arte, il suo antico stato di uomo completo, e lo affida alla macchina. D'ora in poi il capitalista non ha più bisogno del lavoratore, che come servo delle sue macchine.

Con l'introduzione delle macchine, il capitalista realizza a tutta prima un enorme profitto, come facilmente si comprende, ricordando quanto dicemmo a proposito del plusvalore relativo. Con la propagazione però del sistema di produzione meccanica, il guadagno straordinario cessa, e vi resta solamente l'aumento di produzione che, reso generale dalla generalizzazione delle macchine, viene a diminuire il valore delle cose necessarie all'operaio, il tempo di lavoro necessario, e i salari, e ad aumentare il sopralavoro e il plusvlore.

Il capitale si distingue in costante e variabile. Dicesi capitale costante quello che è rappresentato dai mezzi di lavoro e dalle materie di lavoro.

Il fabbricato, i caloriferi, gli strumenti, le materie ausiliarie, come sego, carbone, olio, eccetera, le materie di lavoro, come ferro, bambagia, seta, argento, legno, eccetera, sono tutte cose che formano parte del capitale costante. Il capitale variabile è quello che viene rappresentato dal salario, dal prezzo cioè della forza lavoro. Il primo dicesi costante, perché costante resta il suo valore nel valore della merce, del quale viene a far parte; mentre il secondo dicesi variabile, appunto perché il suo valore aumenta entrando a far parte del valore della merce. È il solo capitale variabile che crea plusvalore; e la macchina non può far parte che del capitale costante.

Il capitalista si propone, nella grande industria, di profittare di una enorme massa di lavoro passato, nella stessa guisa che profitterebbe di una massa di forze naturali, cioè gratuitamente. Per riuscire nel suo scopo, però, egli ha bisogno di avere tutto un meccanismo, il quale si comporrà di materie più o meno costose, ed assorbirà sempre una certa quantità di lavoro. Egli non deve certamente comprare la forza del vapore, né le proprietà motrici dell'acqua e dell'aria; non deve certamente comprare le scoperte e le applicazioni meccaniche; né le invenzioni ed i perfezionamenti degli strumenti di un mestiere. Egli può avvalersi di tutto ciò, sempre che voglia, senza la menoma spesa; ma ha bisogno solamente di procurarsi tutto un meccanismo atto a ciò. La macchina entra adunque, come mezzo di lavoro, a far parte del capitale costante; e la proporzione, nella quale essa entra a comporre il valore della merce, è in ragione diretta del consumo suo e delle sue materie ausiliarie, carbone, grasso, eccetera, e in ragione inversa del valore della merce. Cioè a dire che più si logora una macchina con le sue materie ausiliarie nel produrre una merce, più le comunica del suo valore; mentre più è grande il valore della merce, per la quale la macchina lavora, più è piccola la parte di valore che le perviene dal consumo della macchina.

«Se il logoramento giornaliero di un martello a vapore, il suo consumo di carbone, eccetera, si distribuiscono sopra enormi masse di ferro martellato, ogni quintale di ferro non assorbe che una minima parte di valore; questa porzione sarebbe evidentemente considerevole se l'istrumento ciclopico non facesse che conficcare piccoli chiodi»[2].

Quando, per la generalizzazione del sistema della grande industria, la macchina cessa di essere fonte diretta di profitto straordinario per il capitalista, questi riesce a trovare molte altre vie, per le quali poter continuare a ritrarre grandissima quantità di plusvalore relativo da questo nuovo modo di produzione.

«Il capitale, impossessatosi della macchina, leva tosto il grido: 'Lavoro di donne, lavoro di

2 Marx, Cap. XV, § 2

fanciulli!' Questo mezzo potente di diminuire il lavoro dell'uomo, si cambia tosto in mezzo d'aumentare il numero dei salariati; esso curva tutti i membri d'una famiglia, senza distinzione d'età e di sesso, sotto il bastone del capitale. Il lavoro forzato per il capitale usurpa il posto dei giuochi d'infanzia e del lavoro libero per il mantenimento della famiglia; ed il sostegno economico del morale della famiglia era appunto questo lavoro domestico».

«Il valore della forza lavoro era determinato dalle spese di mantenimento dell'operaio e della sua famiglia. Gettando la famiglia sul mercato, distribuendo così sopra diverse forze il valore d'una sola, la macchina, la deprezza. Può essere che le quattro forze, per esempio, che una famiglia operaia vende ora, le diano più che altra volta dava la sola forza del suo capo; ma nello stesso tempo quattro giornate di lavoro ne hanno sostituita una sola, ed il prezzo è ribassato in proporzione all'eccesso del sopralavoro di quattro sul sopralavoro d'uno solo.

Quattro persone devono ora fornire non solamente lavoro, ma ancora sopralavoro al capitale, onde possa vivere una sola famiglia. Gli è così che la macchina, aumentando la materia umana sfruttabile, eleva nel medesimo tempo il grado di sfruttamento».

«L'impiego capitalista del meccanismo altera fondamentalmente il contratto, la cui prima condizione era che capitalista e operaio dovessero presentarsi in faccia l'uno dell'altro come persone libere, mercanti tutti e due, l'uno possessore di denaro o di mezzi di produzione, l'altro possessore di forza lavoro. Tutto ciò è rovesciato tosto che il capitale compra dei lavoratori. Altra volta l'operaio vendeva la sua propria forza lavoro, della quale egli poteva liberamente disporre, ora egli vende moglie e figli; diventa mercante di schiavi»[3].

«Mentre la macchina è il mezzo più potente di accrescere la produttività del lavoro, cioè di raccorciare il tempo necessario alla produzione delle merci, essa diviene, come sostegno del capitale, il mezzo più potente di prolungare la giornata di lavoro al di là di ogni limite naturale. Il mezzo di lavoro, divenuto macchina, si leva indipendente innanzi al lavoratore. Una sola passione anima il capitalista: egli vuole forzare l'elasticità umana e stritolare tutte le resistenze. La facilità evidente del lavoro a macchina e l'elemento più maneggevole e più docile, che sono le donne e i fanciulli, l'aiutano in quest'opera di asservimento».

«Il logoramento materiale delle macchine si presenta sotto un duplice aspetto. Esse si consumano da una parte in ragione del loro impiego, come i pezzi di moneta per la circolazione; d'altra parte per la loro inazione, come una spada

---

3 Marx, Cap. XV, § 3

che s'irrugginisce nel fodero. In quest'ultimo caso diventano preda degli elementi. Il primo genere di logoramento è più o meno in ragione diretta, l'ultimo è sino ad un certo punto in ragione inversa del loro uso. La macchina è altresì soggetta a ciò che potrebbesi chiamare suo logoramento morale. Essa perde di valore, a misura che le macchine della medesima costruzione sono riprodotte a miglior mercato, o a misura che macchine perfezionate vengono a far loro concorrenza»[4]. Per riparare a questo danno, il capitalista sente il bisogno di far lavorare la sua macchina il più possibile, e comincia anzitutto dal prolungare il lavoro giornaliero, introducendo il lavoro di notte ed il sistema dei rilievi. Come lo indica la parola stessa, usata per indicare il cambio dei cavalli di posta, il sistema dei rilievi consiste nel fare eseguire il lavoro da due squadre di lavoratori, che si danno il cambio ogni dodici ore, o da tre che si scambiano ogni otto ore; in guisa che il lavoro procede sempre senza la menoma interruzione per tutte le 24 ore. Questo sistema, tanto proficuo pel capitale, è adottato altresì nel primo momento della comparsa delle macchine, quando il capitalista ha molta premura di riuscire ad ammassare la maggior quantità possibile di profitto straordinario, che tosto dovrà cessare per la generalizzazione delle macchine stesse.

---

[4] MARX, Cap. XV, § 3

Il capitalista, adunque, abbatte colle macchine tutti gli ostacoli di tempo, tutti i limiti della giornata che nella manifattura erano imposti al lavoro. E quando egli è giunto al limite della giornata naturale, ad assorbire cioè tutte le 24 ore del giorno, egli trova il modo per fare di un giorno solo due, tre, quattro e più giorni, intensificando due, tre, quattro e più volte il lavoro. Infatti, se in una giornata di lavoro si trova modo di far eseguire all'operaio un lavoro due volte, tre volte, quattro volte, eccetera, più grande di prima, è chiaro che l'antica giornata di lavoro corrisponderà a due, a tre, a quattro e più giornate di lavoro. E il capitalista trova il modo di farlo, rendendo, come già abbiamo detto, più intenso il lavoro, stringendo, in altri termini, in una sola giornata il lavoro di due, tre, quattro e più giornate. È con le macchine che egli riesce a questo scopo».

«Perfezionando la macchina a vapore, si riesce ad aumentare il numero dei colpi di stantuffo per minuto e, grazie ad una saggia economia di forze, a spingere con un motore del medesimo volume un meccanismo più considerevole, senza aumentare pertanto il consumo del carbone. Diminuendo l'attrito degli organi di trasmissione, riducendo il diametro ed il peso dei grandi e piccoli alberi motori, delle ruote dei tamburi, ecc. a un *minimum* sempre decrescente, si arriva a far trasmettere con più rapidità l'accresciuta forza d'impulsione del motore a tutte le branche del meccanismo d'operazione. Il meccanismo stesso è migliorato. Le dimensioni delle macchine strumenti sono ridotte, mentre la loro mobilità e la loro efficacia sono aumentate, come nel moderno telaio da tessere, ovvero le loro ossature sono ingrandite con la dimensione ed il numero degli strumenti che esse muovono, come nelle macchine da filare. Infine, questi strumenti subiscono incessanti modificazioni di dettaglio, come furono quelle che, circa quindici anni or sono, accrebbero d'un quinto la velocità dei fusi della macchina da filare».

«Un fabbricante inglese nel 1836 dichiarava: "Paragonato a quello d'altra volta, il lavoro da eseguirsi nelle fabbriche è oggi considerevolmente accresciuto per l'attenzione e l'attività superiore che la velocità molto aumentata delle macchine esige dal lavoratore". E, nel 1844, nella Camera dei Comuni si disse: "Il lavoro degli operai, impiegati nelle operazioni di fabbrica, è oggi tre volte più grande di quanto lo era al momento in cui fu stabilito questo genere d'operazioni. Il sistema meccanico ha, senza alcun dubbio, compiuto un'opera, che richiederebbe i tendini ed i muscoli di molti milioni d'uomini; ma egli ha pure prodigiosamente aumentato il valore di quelli, che sono sottoposti al suo movimento terribile"»[5].

---

[5] Marx, Cap. XV, § 3

«Nella fabbrica la virtù di adoperare lo strumento passa dall'operaio alla macchina. La classificazione fondamentale diventa quella di lavoratori di macchine strumenti (compresovi qualche operaio incaricato di riscaldare la caldaia a vapore) e di manovali, quasi tutti fanciulli subordinati ai primi. In mezzo a questi manovali si trovano più o meno tutti gli alimentatori, che forniscono alle macchine le loro materie prime. Accanto a queste classi principali prende posto un personale numericamente insignificante d'ingegneri, di meccanici, di falegnami, eccetera, che sorvegliano il meccanismo generale e provvedono alle riparazioni necessarie. È una classe superiore di lavoratori, gli uni formati scientificamente, gli altri possedendo un mestiere, messo al di fuori del circolo degli operai di fabbrica, ai quali essi sono aggiunti come ingrasso».

«Ogni fanciullo impara molto facilmente ad adattare i suoi movimenti al movimento continuo ed uniforme dell'automa. La rapidità con la quale i fanciulli imparano il lavoro a macchina sopprime radicalmente la necessità di convertirlo in vocazione esclusiva d'una classe particolare di lavoratori. La specialità che consiste a maneggiare durante tutta la propria vita un istrumento parziale diventa la specialità di servire per tutta la propria vita una macchina parziale. Si abusa del meccanismo per trasformare l'operaio, dalla sua più tenera infanzia, in particella di una macchina, che fa essa stessa parte di un'altra. Non solamente le spese, che esige la sua riproduzione, si trovano in tal guisa considerevolmente diminuite, ma la sua dipendenza dalla fabbrica e perciò stesso dal capitale è diventata assoluta».

«Nella manifattura e nel mestiere, l'operaio si serve del suo istrumento; nella fabbrica, egli serve la macchina. Là, il movimento dell'istrumento di lavoro parte da lui; qui, egli non fa che seguirlo. Nella manifattura gli operai formano tante membra d'un meccanismo vivente. Nella fabbrica, essi sono incorporati ad un meccanismo morto, che esiste indipendentemente da loro. La facilità stessa del lavoro diventa una tortura, nel senso che la macchina non libera l'operaio dal lavoro, ma spoglia il lavoro del suo interesse. Il mezzo di lavoro, convertito in automa, si drizza innanzi all'operaio, durante il processo del lavoro, sotto forma di capitale, di lavoro morto, che domina e inghiotte la sua forza vivente».

«La grande industria meccanica compie finalmente la separazione tra il lavoro manuale e le potenze intellettuali della produzione, le quali essa trasforma in poteri del capitale sul lavoro. L'abilità dell'operaio appare meschina innanzi alla scienza prodigiosa, alle enormi forze naturali, alla grandezza del lavoro sociale incorporato nel sistema meccanico, che costituisce la potenza del *Padrone*. Nel cervello di questo padrone, il suo monopolio sulle macchine si confonde con l'esistenza delle macchine stesse. E, come dice Federico Engels[6], in caso di conflitto coi suoi operai egli getta loro in faccia queste parole sdegnose: "Gli operai di fabbrica farebbero molto bene a ricordarsi che il loro lavoro è dei più inferiori; che non ve n'ha un altro più facile ad imparare e che sia meglio pagato, vista la sua qualità, poiché basta il menomo tempo ed il menomo insegnamento per acquistare in esso tutta l'abilità voluta. Le macchine del padrone rappresentano infatti una parte ben più importante nella produzione, che il lavoro e l'abilità dell'operaio, che reclamano solamente una educazione di sei mesi, e che un semplice contadino può imparare"».

«La subordinazione tecnica dell'operaio all'andamento uniforme del mezzo di lavoro e la composizione particolare del lavoratore collettivo con individui dei due sessi e di ogni età, creano una disciplina di caserma perfettamente elaborata nel regime della fabbrica. Là, il così detto lavoro di sorveglianza e la divisione degli operai in semplici soldati e sott'ufficiali industriali sono spinti al loro ultimo grado di sviluppo».

Ure, il decantatore della fabbrica, dice: "La principale difficoltà non consisteva tanto nella invenzione di un meccanismo automatico..., la

[6] Federico Engels non va confuso con gli scrittori borghesi nominati in questo compendio. Egli batte l'istessa via di Marx, come dalle sue parole stesse si può comprendere. (*Nota di Cafiero*)

difficoltà consisteva specialmente nella disciplina, necessaria per far rinunziare agli uomini le loro abitudini irregolari nel lavoro, e identificarli colla regolarità invariabile del grande automa. Inventare e mettere in vigore con successo un codice di disciplina manifatturiera conveniente ai bisogni ed alla celerità del sistema automatico, ecco un'intrapresa degna di Ercole"».

«Gettando da banda la divisione dei poteri e il sistema rappresentativo, tanto prediletti dalla borghesia, il capitalista formula, da legislatore privato e come meglio gli piace, il suo potere autocratico sui suoi operai, nel suo codice di fabbrica. La frusta del conduttore di schiavi è qui sostituita dal libro delle punizioni, che tutte si risolvono naturalmente in ammende e ritenute sul salario».

«F. Engels dice: "La schiavitù alla quale la borghesia ha sottoposto il proletariato, si presenta sotto il suo vero aspetto nel sistema della fabbrica. Qui ogni libertà cessa di fatto e di diritto. L'operaio deve essere la mattina nella fabbrica alle cinque e mezzo; se viene due minuti più tardi incorre nell'ammenda; se è in ritardo di dieci minuti, non lo si fa entrare che dopo colazione, e perde il quarto del suo salario giornaliero. Il fabbricante è legislatore assoluto. Fa regolamenti come gli salta in testa, modifica ed amplia il suo codice a suo piacere, e se v'introduce l'arbitrio più stravagante, i tribunali rispondono ai lavoratori: 'Poiché voi avete accettato volontariamente questo contratto, dovete sottomettervici'. Questi lavoratori sono condannati ad essere così tormentati fisicamente e moralmente dal loro nono anno sino alla loro morte"».

«Prendiamo due casi, per esempio, di ciò che *dicono i tribunali*. A Sheffield nel 1866 un operaio si era impegnato per due anni in una fabbrica metallurgica. Per querela avuta col fabbricante egli lasciò la fabbrica e dichiarò di non volervi ritornare a nessun costo. Accusato di rottura di contratto, è condannato a due mesi di prigione. (Se il fabbricante viola lui il contratto, non può essere che tradotto innanzi ai tribunali civili, e non rischia che un'ammenda). Compiuti i due mesi, il medesimo fabbricante gl'intima di ritornare in fabbrica, secondo l'antico contratto. L'operaio si rifiuta, allegando che egli ha purgato la sua pena. Tradotto nuovamente in giudizio, è di nuovo condannato dal tribunale, benché uno dei giudici dichiarasse pubblicamente essere una enormità giuridica, che un uomo possa venir condannato periodicamente durante tutta la sua vita, pel medesimo delitto. Questo giudizio fu pronunziato da una delle più alte Corti di giustizia di Londra».

«Il secondo caso avvenne nel Wiltshire, nel novembre 1863. Circa trenta tessitori a vapore, occupati da un certo Harrupp, fabbricante di panni, si misero in sciopero, perché il detto

Harrupp, aveva la graziosa abitudine di fare una ritenuta di salario per ogni ritardo del mattino. Egli riteneva dodici soldi per due minuti, uno scellino (ventiquattro soldi) per tre minuti e uno scellino e mezzo per dieci minuti. Ciò fa dodici lire e un quinto di centesimo per ora, 112,50 per giorno, mentre che il salario, in media, non sorpassava mai dodici o quattordici lire per settimana. Harrupp aveva appostato un ragazzo per suonare l'ora della fabbrica; il che questi faceva talvolta prima delle sei del mattino; e tosto aveva finito, le porte erano chiuse, e tutti gli operai che si trovavano fuori subivano una ammenda. Siccome non vi era orologio in questo stabilimento, i disgraziati erano a discrezione del bricconcello, ispirato dal padrone. Le madri di famiglia e le giovanette, comprese nello sciopero, dichiararono che esse si sarebbero rimesse al lavoro tosto che il suonatore fosse sostituito da un orologio, e che la tariffa si rendesse più ragionevole. Harrupp citò 19 donne e fanciulle innanzi al magistrato per rottura di contratto. Esse furono condannate ciascuna a mezzo scellino di ammenda e due scellini per le spese, in mezzo allo stupore dell'uditorio. Harrupp, all'uscire dal tribunale, fu salutato dai fischi della folla»[7].

I tristi effetti della fabbrica e della grande industria sono sempre preveduti dai lavoratori,

[7] MARX, Cap. XV, § 3

come lo dimostra l'accoglienza che essi fanno ognora alle prime macchine.

Nel diciassettesimo secolo, in quasi tutta l'Europa, scoppiarono sollevazioni operaie contro una macchina tessitrice di nastri e galloni, chiamata *Bandmühle* o *Mühlenstuhl*. Essa fu inventata in Germania. L'abate Lancelotti racconta, nel 1636, che: «Anton Müller di Danzica ha veduto in questa città, circa 50 anni or sono, una macchina molto ingegnosa, che eseguiva contemporaneamente da quattro a sei tessuti. Ma il magistrato, temendo che questa invenzione convertisse gran numero di operai in mendicanti, la soppresse, e fece soffocare o annegare l'inventore».

«Nel 1629, questa medesima macchina fu per la prima volta impiegata a Leida, dove le sommosse degli spinettari forzarono i magistrati a proscriverla. Boxhorn dice a questo proposito: "In questa città alcuni individui inventarono, venti anni or sono, un telaio da tessere, per mezzo del quale un solo operaio poteva eseguire più tessuti e più facilmente che molti altri nel medesimo tempo. Da ciò tumulti e querele da parte dei tessitori, che fecero proscrivere dai magistrati l'uso di questo strumento"»[8]. Dopo aver lanciato contro questo telaio da tessere editti più o meno proibitivi, nel 1632, 1639, eccetera, gli Stati generali di Olanda ne permisero

8 MARX, Cap. XV, § 4

finalmente l'impiego sotto certe condizioni, con l'editto del 15 dicembre 1661.

Il *Bandstuhl* fu proscritto a Colonia, nel 1676, mentre la sua introduzione in Inghilterra, verso la medesima epoca, vi provocò turbolenze fra i tessitori. Un editto imperiale, del 19 febbraio del 1685, interdisse il suo uso in tutta la Germania. Ad Amburgo fu bruciato pubblicamente per ordine del magistrato. L'imperatore Carlo VI rinnovò, in febbraio 1719, l'editto del 1685; ed è solamente nel 1765 che l'uso pubblico ne fu permesso nella Sassonia elettorale.

«Questa macchina, che scosse l'Europa, fu il precursore delle macchine da filare e da tessere, e preludiò la rivoluzione industriale del XVIII secolo. Essa permetteva, al ragazzo più inesperto, di far lavorare tutto un telaio con le sue spole, avanzando e ritirando una pertica, e fornendo, nella sua forma perfezionata, da 40 a 50 capi alla volta».

«Verso la fine del primo terzo del XVII secolo, una sega a vento, stabilita da un olandese nelle vicinanze di Londra, fu distrutta dal popolo. Al principio del XVIII secolo, le seghe ad acqua non trionfarono che difficilmente della resistenza popolare sostenuta dal Parlamento. Quando Everet, nel 1758, costruì la prima macchina ad acqua per tosare la lana, centomila uomini, messi da essa fuori di lavoro, la ridussero in cenere. Cinquantamila operai, che guadagnavano la vita cardando la lana, riempirono il Parlamento di petizioni contro le macchine da cardare. La distruzione di numerose macchine dei distretti manifatturieri inglesi durante i primi quindici anni del XIX secolo, dette al governo il pretesto di violenze ultra-reazionarie».

«Ci vuole tempo ed esperienza, prima che gli operai imparino a distinguere fra la macchina ed il suo impiego capitalista, e dirigano i loro attacchi non contro il mezzo materiale di produzione ma contro il suo modo sociale di sfruttamento»[9].

Ecco, adunque, quali sono i risultati delle macchine e della grande industria per i lavoratori. Questi sono, anzitutto, scacciati in gran numero dalle fabbriche, nelle quali la macchina ha preso il loro posto. I pochi che vi restano devono subire l'umiliazione di vedersi strappare di mano l'ultimo strumento di lavoro e di essere ridotti alla condizione di servi delle macchine; devono sopportare il peso di una giornata di lavoro straordinariamente cresciuta; rinunziare a moglie e figli, divenuti gli schiavi del capitale; e soffrire, finalmente, gl'indescrivibili spasimi, prodotti dalle torture di un lavoro progressivamente intensificato dalla folle libidine di plusvalore, dalla quale è preso il capitalista nel periodo della grande industria. Ma al dio capitale non mancano i teologi, che tutto spiegano, e tutto giustificano con le loro eterne leggi. Al disperato grido dei

[9] Marx, Cap. XV, § 5

lavoratori affamati dalle macchine, essi rispondono con l'annunzio di una peregrina legge di compensazione.

«Una falange di economisti borghesi, James Mill, Mac Culloch, Torrens, Senior, J. St. Mill, eccetera, sostengono che, spostando operai occupati, la macchina disimpegna, per questo fatto stesso, un capitale destinato a impiegarli di nuovo in un'altra occupazione qualunque».

«Mettiamo che in una fabbrica di tappeti s'impieghi un capitale di 6000 lire sterline, delle quali una metà è avanzata in materie prime (si fa astrazione dai fabbricati, ecc.) e l'altra metà consacrata al pagamento di 100 operai, ciascuno dei quali riceve un salario annuale di 30 L. st. A un momento dato il capitalista congeda 50 operai, e li sostituisce con una macchina di 1500 L.st».

«Si disimpegna un capitale per questa operazione? Originariamente la somma totale di 6000 L. st. si divideva in un capitale costante di 3000 L.st. ed un capitale variabile di 3000 L.st. Ora essa consiste in un capitale costante di 4500 L.st., (3000 L.st. per materie prime e 1500 L.st. per la macchina) e un capitale variabile di 1500 L.st. per la paga di 50 operai. L'elemento variabile è caduto dalla metà a un quarto del capitale totale. Invece di essere disimpegnato, un capitale di 1500 L.st. si trova impiegato sotto una forma nella quale cessa di essere scambiabile contro la forza di lavoro, cioè da variabile è divenuto costante. In avvenire il capitale totale di 6000 L. st. non occuperà mai più di 50 operai e ne occuperà meno ad ogni perfezionamento della macchina».

Per compiacere i teorici della compensazione, noi ammetteremo che il prezzo della macchina sia minore della somma dei salari soppressi, che essa non costi che 1000 L.st., invece di 1500 L.st.

«Nei nostri nuovi dati il capitale di 1500 L.st. altra volta avanzato in salari, si divide ora come segue: 1000 L.st. impegnate sotto forma di macchine e 500 L.st. disimpegnate dal loro impiego nella fabbrica di tappeti, e che possono funzionare come nuovo capitale. Se il salario resta lo stesso, ecco un fondo che servirebbe per occupare circa 16 operai, mentre ve n'ha 50 di congedati; ma esso ne occuperà molto meno di 16, poiché, per trasformarsi in capitale, le 500 L.st. devono in parte essere spese in istrumenti, materie, eccetera, in una parola, comprendere un elemento costante, inconvertibile in salari».

Se la costruzione della macchina dà lavoro ad un numero addizionale di operai meccanici, sarebbe forse quella la *compensazione* dei tappezzieri gettati sul lastrico? In ogni caso, la sua costruzione occupa meno operai di quanto il suo impiego ne sposta. La somma di 1500 L.st. che, in rapporto ai tappezzieri licenziati, non rappresenta che il loro salario,rappresenta, in rapporto alla macchina, non solo il valore dei mezzi di produzione necessari per la sua costruzione, ma eziandio il salario di meccanici ed il plusvalore devoluto al loro padrone. Di più, una volta fatta, la macchina non si rifà che dopo la sua morte, e per occupare in modo permanente il numero addizionale dei meccanici, è necessario che le manifatture di tappeti, l'una dopo l'altra, spostino operai con le macchine».

«Ma non è a ciò che mirano i dottrinari della compensazione. Per essi, l'affare importante è la sussistenza degli operai congedati. Privando i nostri 50 operai del loro salario di 1500 L.st. la macchina impedisce loro il consumo di 1500 L.st. di sostanze. Ecco il fatto nella sua triste realtà! Affamare l'operaio i signori dal ventre pieno lo chiamano rendere dei viveri *disponibili* per l'operaio, come nuovo fondo d'impiego in un'altra industria. Come si vede, tutto dipende dalla maniera d'esprimersi. *Nominibus mollire licet mala*. È lecito palliare con delle parole i mali»[10].

---

10 MARX, Cap. XV, § 6

CAPITOLO VIII

Il salario

I sostenitori del modo di produzione capitalista pretendono che il salario sia il pagamento del lavoro, ed il plusvalore il prodotto del capitale.

Ma che cosa è il valore del lavoro? Il lavoro, o si trova ancora nel lavoratore, o ne è di già uscito; cioè a dire, il lavoro, o è la forza, la potenza di fare una cosa, o è la cosa stessa già fatta: insomma il lavoro, o è la forza lavoro o è la merce. Il lavoratore non può vendere il lavoro già uscito da lui, cioè la cosa che egli produce, la merce, perché questa appartiene al capitalista e non a lui. Perché il lavoratore potesse vendere il lavoro già uscito da lui, cioè la merce da lui prodotta, dovrebbe possedere i mezzi di lavoro e le materie di lavoro ed allora egli sarebbe mercante delle merci da lui prodotte. Ma egli non possiede nulla, è un proletario che, per vivere, ha bisogno di vendere ad altri il solo bene che gli resta, che è la sua potenza o forza di lavorare, la forza lavoro. Il capitalista dunque altro non può comprare che la forza lavoro; la quale, come tutte le altre merci, ha un valore di uso ed un valore di scambio. Il capitalista paga il valore propriamente detto, che è il valore di scambio, al lavoratore per la merce che questi gli vende. Ma la forza lavoro ha pure un valore d'uso, il quale appartiene al capitalista che l'ha comprata. Ora, il valore d'uso di questa merce singolare ha una doppia qualità. La prima è quella che essa ha in comune col valore di tutte le altre merci, cioè di soddisfare un bisogno; la seconda è quella, tutta sua speciale, di creare valore, che distingue questa merce da tutte le altre.

Dunque il salario altro non può rappresentare che il prezzo della forza lavoro. Ed il plusvalore non può essere prodotto dal capitale, perché il capitale è materia inerte, che trovasi nella merce sempre nella stessa quantità di valore nella quale ci è entrato; è materia che non ha vita alcuna e che, rimanendo da sé sola, senza la forza lavoro, non potrebbe mai averne. È la forza lavoro che solamente può produrre plusvalore. È dessa che porta il primo germe di vita al capitale. È dessa che mantiene tutta la vita del capitale. Questo, altro non fa che, dapprima, succhiare poscia assorbire da tutti i pori e finalmente pompare gagliardamente plusvalore dal lavoro.

Le due forme principali di salario sono: salario a tempo e salario a cottimo, a fattura, od a capo, che dir si voglia.

Il salario a tempo è quello che viene pagato per un dato tempo; come per una giornata, per una settimana, per un mese, eccetera, di lavoro. Esso non è che una trasformazione del prezzo della forza lavoro. Invece di dire che l'operaio ha venduto la sua forza lavoro di una giornata per 3 lire, si dice che l'operaio va a lavorare per un salario di 3 lire al giorno.

Il salario di 3 lire al giorno è dunque il prezzo della forza lavoro per una giornata. Ma questa giornata può essere più o meno lunga. Se è di 10 ore per esempio, la forza lavoro viene pagata a 30 centesimi l'ora, mentre se è di 12 ore, la forza lavoro viene pagata a 25 centesimi l'ora. Dunque, il capitalista, prolungando la giornata di lavoro, viene a pagare all'operaio un prezzo minore per la sua forza lavoro. Il capitalista può anche aumentare il salario, pur continuando a pagare all'operaio, per la sua forza lavoro, l'istesso prezzo di prima e anche meno. Se un capitalista aumenta il salario del suo operaio da 3 lire a 3,60 al giorno, e nello stesso tempo la giornata si prolunga da 10 ore che era prima sino a 12 ore, egli pur aumentando di L. 0,60 il salario giornaliero, verrà sempre a pagare all'operaio L. 0,30 all'ora per la sua forza lavoro. Se poi il capitalista aumenta il salario da L. 3 a L. 3,60 ma, nello stesso tempo, prolunga la giornata da 10 a 15 ore egli, pur aumentando il salario giornaliero, riuscirà a pagare all'operaio per la sua forza lavoro meno di prima, cioè 24 centesimi invece di 30 centesimi l'ora. Lo stesso effetto ottiene il capitalista se, invece di aumentare il lavoro in lunghezza, l'aumenta in ispessezza; come già abbiamo visto poter egli fare con le macchine. Insomma il capitalista aumentando il lavoro, riesce a frodare *onestamente* l'operaio e può farlo anche procurandosi fama di generoso, con l'aumentare il suo salario giornaliero.

Quando il capitalista paga l'operaio a ore, trova ancor modo di danneggiarlo, aumentando o diminuendo il lavoro, ma pagando sempre *onestamente* il medesimo prezzo per ogni ora di lavoro. Sia infatti 25 centesimi il salario di un'ora di lavoro; se il capitalista fa lavorare l'operaio per 8 ore, invece di 12, gli pagherà L.2, invece di L.3; gli farà perdere, cioè, una lira, con la quale l'operaio deve soddisfare la terza parte dei suoi bisogni giornalieri. Inversamente, se il capitalista fa lavorare l'operaio per 14 o 16 ore, invece di 12, pur pagandogli L. 3,50 o L. 4 invece di L. 3 egli viene a prendere dall'operaio 2 o 4 ore di lavoro ad un prezzo minore di quello che vale. Dopo 23 ore di lavoro le forze dell'operaio hanno già subìto un consumo; e le altre 2 o 4 ore di lavoro, fatte in più, costano più delle prime 12. Questa ragione, presentata dai lavoratori, la si vede infatti accettata in diverse industrie, dove si pagano ad un prezzo maggiore le ore fatte in più di quelle stabilite.

Quanto minore è il prezzo della forza lavoro, rappresentata dal salario a tempo, tanto più il tempo del lavoro è lungo. E ciò è chiaro; se il salario è di L. 0,25 l'ora, invece di L. 0,30, il lavoratore ha bisogno di fare una giornata di 12 ore, invece di farne una di 10, per procacciarsi le L. 3 richieste dai suoi bisogni giornalieri. Se il salario è di L. 2 al giorno, il lavoratore ha bisogno di fare tre giornate, invece di due, per procurarsi quanto gli bisogna in 2 giorni soli. Qui la diminuzione del salario fa aumentare il lavoro; ma avviene altresì che l'aumento del lavoro fa diminuire il salario. Per l'introduzione delle macchine, per esempio, un operaio viene a produrre il doppio di prima; allora il capitalista diminuisce il numero delle braccia, per conseguenza si aumentano le domande di lavoro, ed i salari calano.

Il salario a cottimo, a fattura od a capo, che dir si voglia, altro non è che una trasformazione del salario a tempo; come ce lo mostra anche il fatto che queste due forme di salario si trovano usate indifferentemente, non solo nelle diverse industrie, ma talvolta anche in una medesima industria.

Un operaio lavora 12 ore al giorno per un salario di L. 3 e produce un valore di L. 6. Qui è indifferente dire che l'operaio produce, nelle prime 6 ore del suo lavoro, le L. 3 del suo salario e, nelle altre 6 ore, le L. 3 di plusvalore; il che equivale a dire che l'operaio produce, in ogni prima mezz'ora, L. 0,25, una dodicesima parte del suo salario e, in ogni seconda mezz'ora, L. 0,25, una dodicesima parte del plusvalore. Nella stessa guisa, se l'operaio produce in 12 ore di lavoro 24 capi e percepisce centesimi 12 e ½ per capo, in tutto L. 3, è perfettamente come dire che l'operaio produce 12 capi per riprodurre le L. 3 a lui toccate in pagamento e 12 capi per produrre L. 3 di plusvalore; ovvero che l'operaio produce, in ogni ora di lavoro, un capo per il suo pagamento ed un capo per il guadagno del suo padrone.

«Nel lavoro a capo la qualità del lavoro è controllata dall'opera medesima, che deve essere di una bontà media, affinché il capo sia pagato al prezzo convenuto. Sotto questo rapporto il salario a capo diventa una sorgente infinita di pretesti per fare delle ritenute sul pagamento dell'operaio. Esso fornisce nel tempo stesso al capitalista una misura esatta della intensità del lavoro. Il solo tempo di lavoro che conti come socialmente necessario, e che sia per conseguenza pagato, è quello che si è incorporato in una massa di prodotti determinata e stabilita sperimentalmente. Nei grandi laboratori di sarti, a Londra, un certo capo, un panciotto per esempio, si chiama un'ora, una mezz'ora, eccetera, e l'ora è pagata 12 soldi. Si sa per pratica qual è il prodotto di un'ora in media. Quando vengono le nuove mode, si eleva sempre una discussione fra padrone e operaio per sapere se il tale capo equivale ad un'ora, sino a che l'esperienza non decida. Lo stesso succede nei laboratori di falegnami, ebanisti, ecc. Se poi l'operaio non possiede la capacità media di esecuzione, se egli non può consegnare un certo *minimum* di lavoro nella giornata, lo si congeda».

«La qualità e l'intensità del lavoro essendo così assicurate dalla forma stessa del salario, una gran parte del lavoro di sorveglianza diventa superflua. È su di ciò fondato non solamente il lavoro moderno a domicilio, ma eziandio tutto un sistema di oppressione e sfruttamento gerarchicamente costituito. Da una parte il salario a capo facilita l'intervento dei parassiti fra il capitalista e l'operaio, il mercanteggiamento. Il guadagno degli intermediari, dei mercanteggiatori proviene esclusivamente dalla differenza fra il prezzo del lavoro, tal quale il capitalista lo paga e la porzione di questo prezzo che essi accordano all'operaio. D'altra parte il salario a capo permette al capitalista di fare un contratto di tanto al capo con l'operaio principale (nella manifattura col capo-gruppo, nelle miniere col minatore propriamente detto, eccetera) e quest'operaio principale s'incarica, per il prezzo stabilito, di trovare egli stesso i suoi aiutanti e di pagarli. Lo sfruttamento, che il capitale fa sui lavoratori, diventa qui un mezzo di sfruttamento del lavoratore sul lavoratore».

«Stabilitosi il salario a capo, l'interesse personale spinge l'operaio ad attivare il più possibile la sua forza; la qual cosa permette al capitalista di elevare più facilmente il grado della intensità del lavoro. Benché questo risultato si produca da se stesso (dice Dunning, segretario d'una Società di resistenza) s'impiegano spesso mezzi per produrlo artificialmente. A Londra, per esempio, tra i meccanici l'artificio in uso è "che il capitalista sceglie per capo d'un certo numero d'operai un uomo di forza fisica superiore e svelto nel lavoro. Tutti i trimestri, o come si vuole, gli paga un salario supplementare a condizione che egli faccia tutto il possibile per spingere i suoi collaboratori, che non ricevono che il salario ordinario, a gareggiare di zelo con lui". L'operaio è ugualmente interessato a prolungare la giornata di lavoro, come mezzo per accrescere il suo salario quotidiano o settimanale. Quindi ne segue una reazione simile a quella che noi abbiamo descritta a proposito del salario a tempo, senza contare che la prolungazione della giornata, anche quando il salario a capo resta costante, implica per se stessa un ribasso nel prezzo del lavoro».

«Il salario a capo è uno dei due principali appoggi del sistema già menzionato, di pagare cioè il lavoro a ore, senza che il padrone s'impegni di occupare l'operaio regolarmente durante la giornata o la settimana».

«Negli stabilimenti sottoposti alle leggi di fabbrica[1], il salario a capo diventa regola generale, perché là il capitalista non può ingrandire il lavoro quotidiano che sotto il rapporto della intensità»[2].

---

1 Leggi che imitano, in Inghilterra, la giornata di lavoro ad un dato numero di ore. (*Nota di Cafiero*)

2 Marx, Cap. XXI

L'aumento di produzione è seguito dalla diminuzione proporzionale del salario. Quando l'operaio produceva 12 capi in 12 ore, il capitalista gli pagava, per esempio, un salario di L. 0,25 a capo. Raddoppiatasi la produzione, l'operaio produce 24 capi invece di 12 e il capitalista ribassa il salario della metà, cioè a centesimi 12 e ½ al capo.

«Questa variazione di salario, benché puramente nominale, provoca lotte continue tra il capitalista e l'operaio; sia perché il capitalista se ne fa un pretesto per ribassare realmente il prezzo del lavoro, sia perché l'aumento di produttività del lavoro cagiona un aumento della sua intensità; sia perché l'operaio, prendendo sul serio quest'apparenza creata dal salario a capo (cioè che sia il suo prodotto e non la sua forza lavoro ciò che gli si paga) si rivolta contro una riduzione di salario alla quale non corrisponde una riduzione proporzionale dei prezzi di vendita delle merci. Il capitale respinge giustamente simili pretensioni piene di errori grossolani sulla natura del salario. Egli le qualifica come un'usurpazione tendente a prelevare imposte sul progresso dell'industria e dichiara spiattellatamente che la produttività del lavoro non riguarda per nulla l'operaio»[3].

---

3 Marx, Cap. XXI

CAPITOLO IX

Accumulazione del capitale

Se osserviamo la formula del capitale, comprendiamo facilmente che la sua conservazione è tutta riposta nella sua successiva e continua riproduzione.

Infatti, il capitale si divide, come noi già sappiamo, in due: in costante, cioè, e variabile. Il capitale costante, rappresentato dai mezzi di lavoro e dalle materie di lavoro, soffre un continuo logoramento durante il processo del lavoro. Si consumano gli strumenti, si consumano le macchine, il carbone, il sego, eccetera, che abbisogna alle macchine, e si consuma infine il fabbricato. Nello stesso tempo però che il lavoro viene in siffatta guisa logorando il capitale costante, esso lo viene eziandio riproducendo nelle stesse proporzioni nelle quali lo consuma. Il capitale costante trovasi riprodotto nella merce nelle proporzioni in cui è stato consumato durante la sua fabbricazione. Il valore consumato dei mezzi di lavoro e delle materie di lavoro è sempre esattamente riprodotto nel valore della merce, come noi abbiamo già veduto altrove. Se, dunque, il capitale costante si viene riproducendo parzialmente in ogni merce, è chiaro che, nel valore di un certo numero di merci prodotte, si troverà tutto il capitale costante, consumato nella loro fabbricazione.

Com'è del capitale costante, così è del capitale variabile. Il capitale variabile, quello rappresentato dal valore della forza di lavoro, cioè dal salario, si riproduce anch'esso esattamente nel valore della merce. Noi lo abbiamo già visto. L'operaio, nella prima parte del suo lavoro, produce il suo salario, e nella seconda il plusvalore. Siccome il salario all'operaio non è pagato che a lavoro finito, così avviene che egli riscuote il suo salario dopo averne già riprodotto l'equivalente nella merce del capitalista.

L'assieme dei salari pagati ai lavoratori è dunque da questi riprodotto incessantemente. Questa incessante riproduzione del fondo dei salari perpetua la soggezione del lavoratore al capitalista. Quando il proletario viene sul mercato a vendere la sua forza di lavoro, egli viene a prendere il posto assegnatogli dal modo di produzione capitalista, e a contribuire alla produzione sociale per la parte di lavoro che gli spetta, ritirando, pel suo mantenimento, quella parte dei fondi dei salari, che egli dovrà, prima, con il suo lavoro riprodurre.

È sempre l'eterno vincolo di soggezione umana, sia esso sotto la forma della schiavitù, della servitù, o del salariato.

L'osservatore superficiale crede che lo schiavo lavori per nulla. Ei non pensa che lo schiavo deve anzitutto rifare il suo padrone di quanto questi spende pel suo mantenimento: e si osservi che il mantenimento dello schiavo è talvolta di gran lunga migliore di quello del salariato, essendo il suo padrone altamente interessato alla sua conservazione, come alla conservazione di una parte del proprio capitale. Il servo, che, insieme con la terra, alla quale è attaccato, appartiene al suo signore, è, per l'osservatore superficiale, un essere che ha fatto dei progressi in confronto dello schiavo, perché il servo si vede chiaramente che dà una parte sola del suo lavoro al suo signore, mentre impiega l'altra parte sulla poca terra assegnatagli, per campare la vita. E il salariato, alla sua volta, apparisce al superficiale osservatore, uno stato molto più progredito a paragone della servitù, perché il lavoratore sembra in esso perfettamente libero, percependo il valore del proprio lavoro.

Strana illusione! Se il lavoratore potesse realizzare per sé il valore del proprio lavoro, il modo di produzione capitalista non potrebbe allora più esistere. Noi l'abbiamo già visto. Il lavoratore altro non può ottenere che il valore della sua forza di lavoro, che è la sola cosa che può vendere, perché è il solo bene che possieda al mondo. Il prodotto del lavoro appartiene al capitalista, il quale paga al proletario il salario, cioè il suo mantenimento. Nella stessa guisa, il pezzo di terra, non che il tempo e gli strumenti necessari a lavorarlo, lasciati dal signore al suo servo, sono la somma dei mezzi che questi ha per vivere, mentre deve lavorare tutto il resto del tempo per il suo signore.

Lo schiavo, il servo e l'operaio lavorano tutti tre in parte per produrre il loro mantenimento, e in parte assolutamente per il guadagno dei loro padroni. Essi rappresentano tre forme diverse dell'istessissimo vincolo di soggezione e sfruttamento umano. E sempre la soggezione dell'uomo privo di qualsiasi accumulazione primitiva (cioè dei mezzi di produzione, che sono i mezzi di vita) all'uomo che possiede un'accumulazione primitiva, i mezzi di produzione, le sorgenti della vita. La conservazione, cioè la riproduzione del capitale, è appunto, nel modo di produzione capitalista, la conservazione di questo vincolo di soggezione e sfruttamento umano.

Ma il lavoro non solamente riproduce il capitale, ma produce eziandio plusvalore, il quale forma ciò che chiamasi 'rendita del capitale'. Se il capitalista fonde ogni anno tutta o parte della sua rendita con il capitale, noi avremo un'accumulazione del capitale, che verrà progressivamente crescendo. Con la riproduzione semplice il lavoro conserva il capitale; con l'accumulazione del plusvalore il lavoro ingrossa il capitale.

Quando la rendita si rifonde con il capitale, si viene a impiegare questa rendita, parte in mezzi di lavoro, parte in materie di lavoro e parte in forza di lavoro. Allora si ha che il passato sopralavoro, il passato lavoro non pagato, viene a ingrossare l'intero capitale. Una parte del lavoro non pagato dello scorso anno viene a pagare il lavoro necessario di questo anno. Ecco ciò che riesce a fare il capitalista, grazie all'ingegnoso meccanismo della produzione moderna.

Una volta ammesso il sistema di produzione moderna, tutto basato sulla proprietà individuale e sul salariato, nulla si può trovare a ridire sulle conseguenze che ne derivano, una delle quali è l'accumulazione capitalista. Che importa all'operaio Antonio, se le 3 lire, che gli si pagano di salario, rappresentano il lavoro non pagato all'operaio Pietro? Ciò che egli ha diritto di sapere è se le 3 lire sono il giusto prezzo della sua forza di lavoro, se sono cioè l'esatto equivalente delle cose a lui necessarie in un giorno, se la legge degli scambi, in una parola, è stata rigorosamente osservata.

Quando il capitalista incomincia ad accumulare capitale a capitale, una nuova virtù, tutta sua propria, si sviluppa in lui; la così detta 'virtù dell'astinenza', che consiste a limitare tutte le proprie spese, per impiegare la parte maggiore della sua rendita nell'accumulazione. «La volontà del capitalista e la sua coscienza altro non riflettendo che i bisogni del capitale che egli rappresenta, il capitalista non saprebbe vedere nel suo consumo personale che una specie di furto, o almeno di prestito, fatto all'accumulazione; e, infatti, la tenuta dei libri in partita doppia mette le spese private al passivo come dovute dal capitalista al capitale. Infine, accumulare è conquistare il mondo della ricchezza sociale, stendere la sua dominazione personale, aumentare il numero dei suoi sudditi, cioè sacrificarsi a una ambizione insaziabile».

«Lutero mostra molto bene (con l'esempio dell'usuraio, questo capitalista di forma fuori di moda, ma sempre rinascente) che il desiderio di dominare è un movente della sete di ricchezze. "La semplice ragione" egli dice "ha permesso ai pagani di tenere l'usuraio come un assassino e ladro quattro volte. Ma noi, cristiani, lo teniamo in tanto onore, che l'adoriamo quasi a causa del suo denaro. Colui che nasconde, ruba e divora il nutrimento di un altro è (per quanto può esserlo) ugualmente assassino di colui il quale lo fa morire di fame o lo rovina a fondo. E questo è quanto fa l'usuraio, eppure egli resta assiso in tutta sicurtà sul suo seggio, mentre sarebbe molto più giusto che, sospeso alla forca, egli fosse divorato da tanti corvi quanti furono gli scudi che ha rubato; sempreché in lui vi fosse tanta carne, di cui tutti quei corvi potessero ciascuno prenderne un pezzo. S'impiccano i piccoli ladri..., i piccoli ladri sono messi ai ferri; i grandi ladri si vanno pavoneggiando nell'oro e nella seta. Non v'ha sulla terra (toltone il diavolo) un più grande nemico del genere umano che l'avaro e l'usuraio, perché egli vuole essere Dio sopra tutti gli uomini. Turchi, gente di guerra, tiranni sono certamente una cattiva genia; pure essi sono obbligati a lasciar vivere la povera gente e a confessare che essi sono scellerati e nemici; succede loro perfino d'intenerirsi loro malgrado. Ma un usuraio, questo sacco d'avarizia, vorrebbe che il mondo intero fosse in preda alla fame, alla sete, alla tristezza e alla miseria; egli vorrebbe avere tutto per sé solo, affinché ognuno dovesse ricevere da lui come da un Dio e restare il suo servo in perpetuo. Egli porta catene e anelli d'oro, e si fa passare per un uomo pio e mite. L'usuraio è un mostro enorme, peggiore di un orco divoratore... E se si arruotano e si decapitano gli assassini e i ladri da strada, quanto più non si dovrebbero cacciare, maledire, e arruotare tutti gli usurai e tagliare loro la testa!"»[1].

L'accumulazione capitalista richiede un aumento di braccia. Il numero dei lavoratori deve essere aumentato, se si vuole convertire una parte della rendita in capitale variabile. L'organismo stesso della riproduzione capitalista fa in modo che il lavoratore possa conservare la sua forza di lavoro nella nuova generazione, dalla quale il capitale la prende per continuare il suo processo di riproduzione incessante. Ma il lavoro che si richiede oggi dal capitale è superiore a quello

---

1 MARX, Cap. XXIV, § 3

che si richiedeva ieri; e per conseguenza il suo prezzo dovrebbe naturalmente aumentare. E aumenterebbero infatti i salari, se nella stessa accumulazione del capitale non ci fosse una ragione per farli invece diminuire.

È vero che la rendita dovrebbe essere convertita, parte in capitale costante, e parte in capitale variabile; parte, cioè, in mezzi e materie di lavoro, e parte in forza di lavoro, ma bisogna considerare che con l'accumulazione del capitale vengono i perfezionamenti dei vecchi sistemi di produzione, i nuovi sistemi di produzione e le macchine; tutte cose che fanno aumentare la produzione, e diminuire il prezzo della forza di lavoro, come già sappiamo. A misura che cresce l'accumulazione del capitale, la sua parte variabile diminuisce, mentre la sua parte costante aumenta. Si aumentano, cioè, i fabbricati, le macchine con le loro materie ausiliarie, si aumentano le materie di lavoro, ma, nello stesso tempo e in proporzione di questo aumento, con l'accumulazione del capitale si diminuisce il bisogno della forza di lavoro, il bisogno delle braccia. Diminuendo il bisogno della forza di lavoro, ne diminuisce la richiesta, e finalmente ne diminuisce anche il prezzo. Si ha, quindi, che più progredisce l'accumulazione del capitale, più ribassano i salari.

L'accumulazione del capitale prende vaste proporzioni per mezzo della concorrenza e del credito. Il credito porta spontaneamente più capitali a fondersi assieme, oppure a fondersi con uno più forte di ciascuno di essi. La concorrenza, invece, è la guerra che tutti i capitali si fanno fra loro; è la loro lotta per l'esistenza, dalla quale escono, resi ancor più forti, coloro che per vincere dovevano essere stati già prima i più forti.

L'accumulazione del capitale inutilizza, dunque, gran numero di braccia; crea, cioè, un eccesso di popolazione lavoratrice. «Ma se l'accumulazione, il progresso della ricchezza sulla base capitalista, produce necessariamente una sovrapopolazione operaia, questa diventa alla sua volta la leva più potente dell'accumulazione, una condizione di esistenza della produzione capitalista nel suo stato di sviluppo integrale. Essa forma un'armata di riserva industriale, che appartiene al capitale in modo così assoluto come se l'avesse allevata e disciplinata a sue proprie spese. Essa fornisce la materia umana sempre sfruttabile e disponibile per la fabbricazione del plusvalore. È solamente sotto il regime della grande industria che la produzione di un superfluo di popolazione diventa una molla regolare della produzione delle ricchezze»[2].

Quest'armata di riserva industriale, questa sovrapopolazione lavoratrice si divide in diverse categorie. La prima di queste è meglio pagata, e manca meno delle altre di lavoro, mentre fa un lavoro meno penoso. L'ultima categoria invece è

[2] Marx, Cap. XXV, § 3

composta di lavoratori, che si trovano occupati più raramente di tutti gli altri, e sempre per un lavoro più faticoso e vile, che viene loro pagato al più basso prezzo che si possa mai pagare lavoro umano. Quest'ultima categoria è la più numerosa, non solamente per il grande contingente che le manda anno per anno il progresso industriale, ma soprattutto perché essa è composta della gente più prolifica, come il fatto stesso dimostra. «Adamo Smith dice: "La povertà sembra favorevole alla generazione". Ed è perfino una disposizione divina di profonda sapienza, se devesi credere allo spiritoso e galante abate Galiani, secondo il quale: "Iddio fa che gli uomini che esercitano mestieri di prima utilità nascano abbondantemente". Laing dimostra con la statistica che "la miseria, spinta anche al punto da generare la carestia e le epidemie, tende ad aumentare la popolazione invece di fermarla"»[3].

Dopo queste categorie altro non resta che «l'ultimo residuo della sovrapopolazione relativa, il quale abita l'inferno del pauperismo».

«Astrazione fatta dai vagabondi, dai delinquenti, dalle prostitute, dai mendicanti e da tutta quella gente, che costituisce le così dette classi pericolose, questo strato sociale si compone di tre categorie. La prima comprende operai capaci di lavorare. Basta gettare un colpo d'occhio sulle liste statistiche del pauperismo inglese, per

---

3 Marx, Cap. XXV, § 4

accorgersi che la sua massa, ingrossandosi a ciascuna crisi e nel periodo di ristagno di lavoro, diminuisce a ogni ripresa di affari. La seconda categoria comprende i figli dei poveri, che vivono di assistenza, e gli orfanelli. Questi sono tanti candidati della riserva industriale, i quali, alle epoche di grande prosperità, entrano in massa nel servizio attivo. La terza categoria comprende i miserabili; anzitutto gli operai e le operaie che sono stati gettati sul lastrico dallo sviluppo sociale, che ha oppresso l'opera di dettaglio, la divisione del lavoro della quale aveva formata la loro sola risorsa; poi quelli che per disgrazia hanno sorpassata l'età normale del salariato; finalmente le vittime dirette dell'industria (malati, storpi, vedove, eccetera), il cui numero si accresce con quello delle macchine pericolose, delle miniere, delle manifatture chimiche, eccetera».

«Il pauperismo è la casa degli invalidi della armata attiva del lavoro e il peso morto della sua riserva. La sua produzione è compresa in quella della sovrapopolazione relativa, la sua necessità nella necessità di questa. Il pauperismo forma con la sovrapopolazione una condizione di esistenza della ricchezza capitalista».

«Si comprende dunque tutta la stupidità della saggezza economica, la quale non cessa di predicare ai lavoratori, di accordare il loro numero ai bisogni del capitale. Come se il meccanismo del capitale non realizzasse continuamente questo accordo desiderato, la cui prima parola è 'creazione di una riserva industriale', e l'ultima 'invasione crescente della miseria, sino nelle profondità dell'armata attiva del lavoro peso morto del pauperismo'».

«La legge secondo la quale una massa sempre più grande di elementi costituenti la ricchezza può, mercé lo sviluppo continuo delle forze collettive del lavoro, essere messa in opera con una spesa di forze umane sempre minore, questa legge, che mette l'uomo sociale in stato di produrre di più con minore lavoro, si cambia nel centro capitalista (dove non sono i mezzi di produzione che si trovano al servizio del lavoratore, ma il lavoratore che trovasi al servizio dei mezzi di produzione) in legge contraria, cioè a dire che più il lavoro guadagna in risorse e in potenza, più v'ha pressione dei lavoratori sui loro mezzi d'impiego, e più la condizione di esistenza del salariato, la vendita della sua forza, diviene precaria».

«L'analisi del plusvalore relativo ci ha condotti a questo risultato: nel sistema capitalista tutti i metodi per moltiplicare le potenze del lavoro collettivo si eseguiscono a spese del lavoratore individuale, tutti i mezzi per sviluppare la produzione si trasformano in mezzi di dominare e di sfruttare il produttore: essi fanno di lui un uomo monco, frammentario, o l'appendice di una macchina; essi gli oppongono, come tanti poteri nemici, le potenze scientifiche della produzione;

essi sostituiscono al lavoro attraente il lavoro forzato; essi rendono le condizioni nelle quali il lavoro si fa, sempre più anormali, e sottomettono l'operaio, durante il suo servizio, a un dispotismo tanto illimitato quanto gretto; essi trasformano la sua vita intera durante il lavoro; e gettano la sua moglie e i suoi figli sotto le ruote del carro del dio capitale».

«Ma tutti i metodi che aiutano la produzione del plusvalore favoriscono egualmente l'accumulazione, e ogni estensione di questa chiama alla sua volta l'altra. Ne risulta che, qualunque sia il livello dei salari, alto o basso, la condizione del lavoratore deve peggiorare, a misura che il capitale si accumula».

«Infine, la legge, che equilibra sempre il progresso dell'accumulazione e quello della sovrapopolazione relativa, lega il lavoratore al capitale più solidamente che i chiodi di Vulcano non legarono Prometeo alla rupe. È questa legge che stabilisce una correlazione fatale tra l'accumulazione del capitale e l'accumulazione della miseria, di guisa che accumulazione di ricchezza a un polo, significa accumulazione di povertà, di sofferenza, d'ignoranza, d'abbrutimento, di degradazione morale, di schiavitù, al polo opposto, dove si trova la classe che produce il capitale stesso».

«G. Ortes, monaco veneziano e uno degli economisti notevoli del XVIII secolo, crede aver trovato nell'antagonismo inerente alla ricchezza capitalista la legge immutabile e naturale della ricchezza sociale. "Invece di progettare" egli dice "per la felicità dei popoli, sistemi inutili, io mi limiterò a ricercare la ragione della loro miseria... Il bene e il male economico in una nazione è sempre alla stessa misura: la copia dei beni in alcuni è sempre eguale alla mancanza di essi in altri; la grande ricchezza di un piccolo numero è sempre accompagnata dalla privazione delle prime necessità nella moltitudine; l'attività eccessiva degli uni rende forzata la poltroneria degli altri; la ricchezza di un paese corrisponde alla sua popolazione, e la sua miseria corrisponde alla sua ricchezza"».

«Ma, se Ortes era profondamente attristato di questa fatalità economica della miseria, 10 anni dopo di lui, un ministro del culto anglicano, il reverendo J. Townsend, viene, con cuore leggero e perfino gioioso, a glorificarla come la condizione necessaria della ricchezza. "L'obbligo legale del lavoro" egli dice "cagiona troppa pena, esige troppo sforzo, e fa troppo chiasso; la fame al contrario è non solamente una pressione pacifica, silenziosa e incessante, ma, come lo stimolo più naturale al lavoro e all'industria, essa provoca eziandio gli sforzi più potenti." Perpetuare la fame del lavoratore è dunque il solo articolo importante del suo codice del lavoro, ma per eseguirlo, egli aggiunge, basta lasciar fare il principio di popolazione, attivissimo fra i poveri.

"È una legge della natura, pare, che i poveri siano imprevidenti sino al punto da esserci sempre fra essi degli uomini pronti a compiere le funzioni le più servili, le più sporche e le più abbiette della comunità. Il fondo della felicità umana ne è così grandemente aumentato; la gente per bene, più delicata, sbarazzata da tali tribolazioni, può dolcemente seguire la sua vocazione superiore... Le leggi per soccorrere i poveri tendono a distruggere l'armonia e la bellezza, l'ordine e la simmetria di questo sistema che Dio e la natura hanno stabilito nel mondo"».

«Se il monaco veneziano trovava nella fatalità economica della miseria la ragion d'essere della carità cristiana, del celibato, dei monasteri, dei conventi, eccetera, il reverendo prebendato vi trovava però anche un motivo per condannare le leggi inglesi, che danno ai poveri il diritto ai soccorsi della parrocchia».

«Storch dice: "Il progresso della ricchezza sociale genera questa classe utile della società..., che esercita le occupazioni più fastidiose, le più vili, le più disgustose; che prende, in una parola, sulle sue spalle tutto ciò che la vita ha di disaggradevole e di servile, e procura così alle altre classi l'agio, la serenità di spirito e la dignità convenzionale (!) di carattere, eccetera". Poi, dopo essersi domandato in che dunque, in fin dei conti, possa dirsi progredita sulla barbarie questa civilizzazione capitalista con la sua miseria e la sua degradazione delle masse, egli non trova che una parola a rispondere: la sicurezza!»

«Infine, Destutt de Tracy dice spiattellatamente: "Le nazioni povere sono quelle dove il popolo è agiato; e le nazioni ricche sono quelle dove egli è ordinariamente povero"»[4].

Veniamo ora a vedere, nei fatti, quali sieno gli effetti dell'accumulazione del capitale. Qui, come altrove, i nostri esempi sono tutti presi dall'Inghilterra, il paese per eccellenza della accumulazione capitalista, verso la quale tendono (lo ripetiamo, e non lo si dimentichi mai) tutte le nazioni moderne. Ci rincresce non poter riprodurre che una sola piccola parte dei ricchi materiali raccolti da Marx.

«Nel 1863, il Consiglio privato ordinò una inchiesta sulla situazione della parte più mal nutrita della classe operaia inglese. Il dottore Simon fu il suo medico ufficiale. Fu convenuto che si prenderebbe per regola, in questa inchiesta, di scegliere, in ogni categoria, le famiglie la cui salute e posizione lasciassero meno a desiderare; e si arrivò a questo risultato generale: "In una sola fra le classi operaie della città, il consumo d'azoto sorpassa appena il *minimum* assoluto, al disotto del quale si dichiarano le malattie d'inanizione; in due dassi la quantità di nutrimento azotato, come carbonato, faceva difetto, e grandemente in una di esse; fra le famiglie agricole, più di un

4 Marx, Cap. XXV, § 4

quinto aveva meno della dose indispensabile di alimentazione azotata; infine in tre contee (Berkshire, Oxfordshire e Somersetshire) il *minimum* di nutrimento azotato non era raggiunto. Fra i lavoratori agricoli l'alimentazione più cattiva era quella dei lavoratori dell'Inghilterra, la parte più ricca del Regno Unito. Fra gli operai delle campagne l'insufficienza di nutrimento, in generale, colpiva principalmente le donne e i fanciulli, dovendo l'uomo adulto mangiar esso per potere lavorare". Una penuria ben più grande ancora desolava certe categorie di lavoratori di città sottoposte all'inchiesta. "Essi sono tanto miseramente nutriti, che i casi di privazioni crudeli e rovinose per la salute devono essere necessariamente numerosi". Tutto ciò è avarizia del capitalista! Egli si astiene, infatti, di fornire ai suoi schiavi perfino quanto occorre per vegetare».

«Il dottore Simon nel suo rapporto generale dice: "Chiunque è abituato a curare i malati poveri o quelli degli ospedali non può che affermare che i casi, nei quali l'insufficienza del nutrimento produce malattie o le aggrava, sono, per così dire, innumerevoli. Sotto il punto di vista sanitario, altre circostanze decisive vengono qui ad aggiungersi... Bisogna ricordarsi che ogni riduzione di nutrimento è sopportata mal volentieri, e che in generale la dieta forzata non viene che in seguito ad altre privazioni anteriori. Molto prima che la mancanza di alimenti venga a pesare nella bilancia igienica, molto prima che il filosofo venga a contare le dosi di azoto e di carbonio fra le quali oscilla la vita e la morte per inanizione, ogni altra agiatezza dev'essere già scomparsa dal focolare domestico. Le vesti e il calore devono essere stati ridotti molto più ancora che l'alimentazione. Nessuna protezione sufficiente contro i rigori della temperatura; ristringimento del locale abitato a un grado tale da generare malattie o da aggravarle; appena una traccia di mobili o di utensili di casa. La nettezza stessa deve essere diventata costosa e difficile. Se per rispetto di se medesimo si fanno ancora sforzi per mantenerla, ciascuno di questi sforzi rappresenta un supplemento di fame. Si abiterà là dove il fitto è meno caro, nei quartieri dove l'azione della polizia sanitaria è nulla, dove c'è il maggior numero di cloache infette, minore circolazione, immondizie in piena strada, meno acqua o la più cattiva, e, nelle città, meno aria e meno luce. Tali sono i pericoli ai quali la povertà è esposta inevitabilmente, quando questa povertà implica mancanza di nutrimento. Se tutti questi mali riuniti pesano terribilmente sulla vita, la semplice privazione di nutrimento non è per se stessa meno spaventevole... Tormentosi pensieri, specialmente se si vuole ricordare che la miseria della quale si tratta non è quella della pigrizia, la quale non ha da lagnarsi che con se stessa! Questa è la miseria della gente laboriosa.

Egli è certo, quanto agli operai delle città, che il lavoro, con il quale essi comprano la loro magra pietanza, è quasi sempre prolungato al di là di ogni misura. E intanto non si può dire, nemmeno in un senso molto ristretto, che questo lavoro basti a sostenerli... Sopra una vasta estensione, questo non è che il cammino più o meno lungo verso il pauperismo"».

«Ogni osservatore disinteressato vede perfettamente che più i mezzi di produzione si concentrano grandemente, più i lavoratori si agglomerano in uno spazio ristretto; che più l'accumulazione del capitale è rapida, più le abitazioni operaie diventano miserabili. È evidente, infatti, che i miglioramenti e gli abbellimenti delle città (conseguenza dell'accrescimento della ricchezza), come demolizioni di quartieri mal costruiti, costruzioni di palazzi per banche, depositi, eccetera, allargamenti di strade per la circolazione commerciale e delle carrozze di lusso, costruzione di strade ferrate interne, eccetera, cacciano i poveri in angoli sempre più sporchi e insalubri. Citiamo un'osservazione generale del dottore Simon: "Benché il mio punto di vista ufficiale sia esclusivamente fisico, il più comune senso di umanità non mi permette di tacere l'altro lato del male. Giunto a un certo grado, implica quasi necessariamente una negazione di ogni pudore, una promiscuità ributtante, un'esposizione di nudità più bestiali che umane. Essere sottoposto a simili influenze, è una degradazione la quale, se dura, diventa ogni giorno più profonda. Per i fanciulli educati in quest'atmosfera maledetta, è un battesimo di infamia. E significa cullarsi nella più vana speranza l'aspettare da persone situate in tali condizioni degli sforzi per raggiungere, sotto un certo aspetto, quella civilizzazione elevata, la cui essenza è nella purezza fisica e morale"»[5].

«I nomadi del proletariato si reclutano nelle campagne, ma le loro occupazioni sono in gran parte industriali. E la fanteria leggera del capitale, gettata, secondo i bisogni del momento, talora sopra una località, talora sopra un'altra. È impiegata nelle costruzioni, nel prosciugamento dei terreni, nella fabbricazione dei mattoni, a cuocere la calce, alla costruzione delle strade ferrate, eccetera. Colonna mobile della pestilenza, essa semina sulla sua strada il vaiuolo, il tifo, il colera, la febbre scarlattina, eccetera. Quando imprese, come quelle delle strade ferrate, esigono una forte anticipazione di capitale, è generalmente l'intraprenditore che fornisce la sua armata di baracche di legno o d'altri alloggi analoghi, villaggi improvvisati senza nessuna regola di salubrità, sorgente di grossi profitti per l'intraprenditore, che sfrutta i suoi operai e come soldati dell'industria e come inquilini. Per una baracca, secondo che contenga uno, due o tre buchi, si paga uno scellino (24 soldi), 2 o 3 per settimana».

---

[5] Marx, Cap. XIV, § I

«Nel settembre 1864, riferisce il dottore Simon, dalla parrocchia di Sevenoaks furono denunziati al ministro dell'interno i fatti seguenti. In questa parrocchia il vaiuolo era ancora, un anno fa, quasi sconosciuto. Poco prima di quest'epoca si cominciò a forare una strada ferrata da Lewisham a Tunbridge. Nella vicinanza immediata di quest'ultima città, non solo vi si eseguì la maggior parte dei lavori, ma vi fu installato eziandio il deposito centrale di tutta la costruzione. Siccome il gran numero d'individui, così occupati, non poteva essere tutto alloggiato nelle case di campagna, l'intraprenditore fece costruire lungo la via baracche sprovviste di ventilazione e di scoli, e per di più necessariamente ingombrate, essendo ogni locatario obbligato a riceverne altri con lui, per quanto numerosa fosse la sua propria famiglia, e benché ciascuna capanna non contenesse che due camere. Dal rapporto medico risulta che questa povera gente, per scampare alle esalazioni pestilenziali delle acque stagnanti e delle latrine, situate sotto le loro finestre, dovevano subire, durante la notte, tutti i tormenti della soffocazione. Un medico, appositamente incaricato, si è espresso in termini acerbi sullo stato di queste sedicenti abitazioni, e ha fatto intendere che v'erano a temersi le conseguenze le più funeste se qualche misura di salubrità non fosse presa immediatamente. L'intraprenditore si era impegnato a preparare una casa per coloro che fossero colpiti da malattie contagiose, ma non ha mantenuta la sua promessa, benché si fossero verificati diversi casi di vaiuolo nelle capanne che si dicevano le migliori. L'ospedale della parrocchia è, da mesi, ingombro di malati. In una stessa famiglia, 5 fanciulli sono morti di vaiuolo e di febbre. Dal primo aprile sino al primo settembre di quest'anno, vi sono stati 10 casi di morte di vaiuolo, 4 dei quali nelle capanne, focolare del contagio. Non si potrebbe indicare la cifra delle malattie, perché le famiglie, che ne sono afflitte, fanno tutto il possibile per nasconderle"»[6].

Vediamo ora gli effetti delle crisi sulla parte meglio pagata della classe operaia. Ecco quanto è narrato dal corrispondente di un giornale, il 'Morning Star', che, nel gennaio 1867, nell'occasione di una crisi industriale, visitò le principali località in sofferenza.

«All'est di Londra 15 000 lavoratori almeno, fra i quali più di 3000 operai di mestieri, si trovano con le loro famiglie letteralmente agli estremi. A stento ho potuto avanzarmi sino alla porta della Casa di lavoro (*Workhouse*), assediata da una folla di affamati. Aspettavano i boni del pane, ma l'ora della distribuzione non era ancora giunta. Nella corte, tutta ingombra di neve, alcuni uomini, riparati dalle sporgenze del tetto, accomodavano il lastricato. Lavoravano

6 MARX, Cap. XXV, § 5

per 6 soldi al giorno e un bono di pane. In una piccola capanna sporca e rovinata, che stava in una parte della corte, si trovava una quantità di uomini, con le spalle gli uni addossate agli altri, tanto per riscaldarsi. Essi sfilacciavano canapi di nave e gareggiavano a chi lavorerebbe più a lungo con il minor nutrimento. Questa sola Casa di lavoro soccorreva 7000 persone, molte delle quali guadagnavano, 6 o 7 mesi or sono, i più grossi salari. Il loro numero sarebbe stato doppio, se abitualmente non ci fossero lavoratori, che rifiutano qualsiasi soccorso della parrocchia, finché resta loro qualche cosa da impegnare. Uscito dalla Casa di lavoro, entrai nella casa d'un operaio in ferro, privo di lavoro da 27 settimane. Lo trovai seduto con tutta la sua famiglia in una camera remota. La camera non era ancora del tutto sguarnita di mobili, e vi era un po' di fuoco, indispensabile in una giornata di freddo terribile, per impedire che i piedi nudi dei fanciulli si gelassero. Innanzi al fuoco vi era una certa quantità di stoppa, che le donne e i fanciulli dovevano filare, in ricambio del pane loro fornito dalla Casa di lavoro. L'uomo lavorava nella corte sopra accennata per un bono di 6 soldi al giorno. Egli era in quel punto arrivato per il pasto del mezzodì, molto affamato, come disse egli stesso con un amaro sorriso, e questo pasto consisteva in qualche fetta di pane con strutto e una tazza di tè senza latte. La seconda porta, alla quale picchiammo, fu aperta da una donna, che senza dir parola ci condusse in una piccola camera nel fondo, dove si trovava tutta la sua famiglia silenziosa e con gli occhi fissi su di un fuoco prossimo a estinguersi. Vi era intorno a questa gente un'aria di solitudine e di disperazione, da farmi augurare di non rivedere più mai simili scene... "Essi non hanno guadagnato nulla, signore" disse la donna mostrando i suoi piccoli figliuoli "niente, da 26 settimane, e tutto il nostro denaro se n'è andato, tutto il denaro che il padre e io avevamo messo da parte in tempi migliori, con la vana speranza di assicurarci una riserva per i giorni cattivi. Vedete!" gridò con accento quasi selvaggio, e nell'istesso tempo ci mostrava un libretto di banca, dove erano indicate regolarmente tutte le somme successivamente versate, poi ritirate, di guisa che potemmo constatare, come il piccolo peculio, dopo aver incominciato da un deposito di 5 scellini, dopo essersi ingrossato sino a 20 L. st. (L. 504,16), si era tramutato poscia da lire sterline in scellini, e da scellini in soldi, sino a che il libretto fu ridotto ad avere il valore di un pezzo di carta bianca. Questa famiglia riceveva ogni giorno un magro pasto dalla Casa di lavoro... In un'altra casa trovai una donna malata d'inanizione, stesa, tutta vestita, su di un materasso e appena coperta da un lembo di tappeto: tutto il resto era al Monte di Pietà. I suoi infelici figli, che la curavano, mostravano di avere essi stessi gran bisogno delle cure materne... Essa raccontò la storia del suo passato disastroso, singhiozzando in guisa come se avesse perduta ogni speranza di un avvenire migliore. Chiamato in un'altra casa, vi trovai una donna e due graziosi fanciulli. Un pacco di ricevute del Monte di Pietà e una camera completamente nuda fu tutto ciò che mi mostrarono».

«È di moda, fra i capitalisti inglesi, dipingere il Belgio come 'il paradiso dei lavoratori', perché colà, la 'libertà del lavoro', ovvero, ciò ch'è la stessa cosa, la libertà del capitale, si trova al sicuro da ogni attacco. La non v'ha né dispotismo ignominioso di società di resistenza, né corruttela oppressiva d'ispettori di fabbrica. Se v'è stato alcuno ben iniziato in tutti i misteri della felicità del 'libero' lavoratore belga, questi è stato certamente il fu Ducpetiaux, ispettore generale delle prigioni e degli stabilimenti di beneficenza belgi, e, nello stesso tempo, membro della Commissione centrale di statistica belga. Apriamo la sua opera: Bilancio economico delle classi operaie nel Belgio, *Budget économique des classes ouvrières en Belgique*, Bruxelles, 1855. Noi vi troviamo il paragone fra lo stato normale di una famiglia operaia belga, e il regime alimentario del soldato, del marinaio dello Stato e del prigioniero. Tutte le risorse della famiglia, esattamente calcolate, si elevano annualmente a L. 1068.

Ecco il bilancio annuale della famiglia:

Il padre 300 giorni a	L. 1,56	L. 468
La madre 300 giorni a	L. 0,89	L. 267
Il figlio 300 giorni a	L. 0,56	L. 168
La figlia 300 giorni a	L. 0,55	L. 165
	Totale annuale	L. 1.068

La spesa annuale della famiglia e il suo *deficit* si eleverebbero, nella ipotesi che l'operaio avesse l'alimentazione

del marinaio, a	L. 1.828	*deficit*	L. 760
del soldato, a	L. 1.473	*deficit*	L. 705
del prigioniero, a	L. 1.112	*deficit*	L. 44[7]

«Un'inchiesta ufficiale fu fatta in Inghilterra, nel 1863, sull'alimentazione e il lavoro dei condannati, sia alla deportazione, sia ai lavori forzati. Paragonato l'ordinario dei prigionieri inglesi e quello dei poveri delle Case di lavoro e dei lavoratori agricoli liberi dell'Inghilterra, è provato all'evidenza che i primi sono molto meglio nutriti di quelli delle due altre categorie, perché "la massa di lavoro, che si esige da un condannato ai lavori forzati, non si eleva al di là della metà di quella che eseguiscono i lavoratori agricoli ordinari"»[8].

«Un rapporto sulla sanità pubblica, del 1865, parlando di una visita fatta in tempo di epidemia

7 MARX, Cap. XXV, § 5

8 MARX, Cap. XXV, § 5

a case di contadini, cita fra gli altri fatti il seguente: "Una giovane malata di febbre dormiva la notte nella stessa camera con suo padre, sua madre, un suo figlio illegittimo, due giovani suoi fratelli, due sue sorelle, ciascuna con un bastardo, in tutto 10 persone. Qualche settimana prima, 13 fanciulli dormivano nel medesimo locale"»[9].

Le modeste proporzioni di questo compendio non ci permettono di riportare qui, dal testo, la minuta esposizione dello stato orribile in cui giacciono i contadini in Inghilterra. Chiuderemo, quindi, questo capitolo, parlando di una piaga tutta speciale, prodotta in Inghilterra, fra i lavoratori agricoli, dall'accumulazione del capitale.

L'eccesso di popolazione agricola produce l'effetto di far ribassare i salari, mentre non soddisfa nemmeno tutti i bisogni del capitale nei momenti di lavori eccezionali e urgenti, che sono richiesti in date epoche dell'anno dall'agricoltura. Ne segue, quindi, che un gran numero di donne e di fanciulli vien impegnato per bisogni momentanei del capitale, passati i quali, questa gente va ad aumentare la sovrapopolazione lavoratrice delle campagne. Questo fatto ha prodotto nelle campagne dell'Inghilterra il *sistema delle bande ambulanti*.

«Una banda si compone da 10 a 40 o 50 persone, donne, adolescenti dei due sessi, benché la più gran parte dei ragazzi venga eliminata verso

---

9 Marx, Cap. XXV, § 5

il loro tredicesimo anno, infine fanciulli dai 6 ai 13 anni. Il suo capo è un operaio di campagna ordinario, quasi sempre una cattiva lana, vagabondo, buontempone, ubriacone, ma intraprendente e dotato di molta abilità. È lui che recluta la banda, destinata a lavorare sotto i suoi ordini, e non sotto quelli del fattore. Siccome egli prende il lavoro a cottimo, il suo guadagno, che, in media, non sorpassa quasi quello dell'operaio ordinario, dipende, quasi esclusivamente, dall'abilità con la quale egli sa far avere alla sua banda, nel tempo più corto, il maggior lavoro possibile. I fattori sanno, per esperienza, che le donne non fanno tutto ciò che possono fare, se non sotto il comando degli uomini, e che le giovanette e i fanciulli, una volta avviati, spendono le loro forze con prodigalità, mentre l'operaio maschio adulto cerca d'economizzare le sue. Il capo di banda, facendo il giro delle fattorie, può occupare la sua gente durante 6 o 8 mesi dell'anno. Egli è dunque per le famiglie operaie un avventore migliore del fattore isolato, il quale non impiega i fanciulli che di quando in quando. Questa circostanza stabilisce tanto bene la sua influenza, che in molte località non si può procurarsi fanciulli senza l'intervento del capo-banda».

«I vizi di questo sistema sono l'eccesso di lavoro imposto ai fanciulli e ai giovanetti, l'enorme cammino, che essi sono costretti a fare ogni giorno per andare e venire dalla fattoria, distante

5, 6 e qualche volta 7 miglia, infine la demoralizzazione della banda ambulante. Benché il capo di banda sia armato di un lungo bastone, egli non se ne serve tuttavia che raramente, e i trattamenti brutali sono eccezionalmente lamentati. Egli ha bisogno di essere popolare fra i suoi sottoposti, e se li affeziona con le attrattive di una esistenza da zingari-vita vagante, assenza di qualsiasi riguardo, allegria strepitosa, libertinaggio grossolano. Ordinariamente la paga si fa all'osteria fra le libazioni copiose. Poscia si prende la strada per ritornare a casa. Vacillante, appoggiato la destra e la sinistra sul braccio robusto di qualche donnone, il degno capo cammina in testa della colonna, mentre alla coda i più giovani folleggiano e intonano canzoni burlesche od oscene. Non è raro che fanciulle di 13 o 14 anni siano ingravidate da ragazzi della stessa età. I villaggi, che sono la sorgente e il serbatoio di queste bande, diventano tante Sodome e Gomorre, dove la cifra delle nascite illegittime raggiunge il suo massimo».

«La banda, nella forma classica da noi descritta, si dice banda pubblica, comune o ambulante. Vi hanno pure bande particolari, composte dei medesimi elementi delle prime, ma meno numerose, e funzionanti sotto gli ordini, non di un capo di banda, ma di qualche vecchio garzone di fattoria, che il suo padrone non saprebbe altrimenti impiegare. Queste non hanno più l'allegria né lo spirito da zingari, ma, come tutti i testimoni dicono, i fanciulli vi sono meno pagati e più maltrattati».

«Questo sistema il quale, in questi ultimi anni, continua a estendersi, non esiste evidentemente per il piacere del capo di banda. Esso esiste perché arricchisce i grossi fattori e i proprietari. I piccoli fattori non impiegano bande, e nemmeno se ne impiegano sulle terre povere. Un proprietario, spaventato da una possibile riduzione delle sue rendite, si adirò innanzi alla commissione d'Inchiesta. "Perché si fa tanto chiasso?" egli gridò. "Perché il nome del sistema suona male. Invece di 'banda' dite, per esempio, 'associazione industriale agricola cooperativa della gioventù rurale', e nessuno vi troverà a ridire". "Il lavoro per bande è al più buon mercato in confronto di qualunque altro, ed ecco perché lo s'impiega" dice un antico capo-banda. "Il sistema delle bande" dice un fattore "è il meno caro per i fattori, e senza contraddizione il più pernicioso per i fanciulli." Per i fattori non v'ha metodo più ingegnoso per mantenere il personale dei lavoratori molto al disotto del livello normale, lasciando sempre a sua disposizione un supplemento di braccia per i bisogni straordinari per ottenere molto lavoro con la minor spesa possibile, e per rendere superflui i maschi adulti. Sotto pretesto che mancano i lavoratori e il lavoro, si reclama come necessario il sistema delle bande»[10].

---

10 Marx, Cap. XXV, § 5

CAPITOLO X

L'accumulazione primitiva

Eccoci giunti alla fine del nostro dramma.

Noi incontrammo un giorno il lavoratore sul mercato, venuto per vendere la sua forza di lavoro, e lo vedemmo contrattare da pari a pari con l'uomo del denaro. Egli non conosceva ancora quanto dura fosse la strada del Calvario che doveva ascendere, né aveva ancora appressato alle sue labbra l'amarissimo calice, che tutto doveva tracannare sino alla feccia. L'uomo del denaro, non ancora divenuto capitalista, non era allora che un modesto possessore di piccola ricchezza, timido e incerto per la riuscita della sua nuova intrapresa, nella quale impiegava la sua fortuna.

Vedemmo poi come la scena si venne mutando.

L'operaio, dopo aver generato, con il suo primo sopralavoro, il capitale, fu oppresso dall'eccessivo lavoro di una giornata straordinariamente prolungata. Con il plusvalore relativo gli fu ristretto il tempo del lavoro necessario pel suo mantenimento e prolungato quello del sopralavoro, destinato a nutrire sempre più riccamente il capitale. Nella cooperazione semplice vedemmo l'operaio a una disciplina di caserma, e, trascinato dalla corrente di tutta una concatenazione di forze di lavoro, estenuarsi sempre più, per dare maggiore alimento al sempre crescente capitale. Vedemmo l'operaio mutilato, avvilito, e depresso al massimo grado dalla divisione del lavoro, nella manifattura. Lo vedemmo soffrire gl'inenarrabili dolori materiali e morali, causatigli dall'introduzione delle macchine, nella grande industria. Espropriato dell'ultima particella di virtù artigiana, lo vedemmo ridotto a mero servo della macchina, trasformato, da membro di un organismo vivente, in appendice volgarissima di un meccanismo, torturato dal lavoro vertiginosamente intensificato della macchina, che a ogni tratto minaccia strappargli un brandello delle sue carni, o stritolarlo completamente fra i suoi terribili ingranaggi; e per di più vedemmo la moglie e i teneri figli suoi divenuti schiavi del capitale. E intanto il capitalista, arricchito immensamente, gli paga un salario, che egli può a suo piacere diminuire, anche facendo mostra di conservarlo allo stesso livello di prima, e perfino di aumentarlo. Finalmente vedemmo l'operaio, temporaneamente inutilizzato dall'accumulazione del capitale, passare dall'armata attiva industriale nella riserva, per poi, da questa, cadere per sempre nell'inferno del pauperismo. Tutto il sacrificio è consumato!

Ma come mai ha potuto avvenire tutto ciò?

In un modo molto semplice. L'operaio era, è vero, possessore della sua forza di lavoro, con la quale avrebbe potuto produrre ogni giorno molto più di quanto abbisognava per sé e per la sua famiglia, ma gli mancavano però gli altri elementi indispensabili del lavoro, i mezzi, cioè, e le materie di lavoro. Sprovvisto dunque di qualsiasi ricchezza, l'operaio è stato costretto, per campare la vita, a vendere il suo unico bene, la sua forza di lavoro all'uomo del denaro, che ne ha fatto il suo pro. La proprietà individuale e il salariato, fondamenti del sistema di produzione capitalista, sono stati la causa prima di tanti dolori.

Ma ciò è iniquo! E scellerato! E chi ha mai conferito all'uomo il diritto di proprietà individuale? E come mai l'uomo del denaro si trovava in possesso di un'accumulazione primitiva, origine di tante infamie?

Una voce terribile esce dal tempio del Dio Capitale, e grida: 'Tutto è giusto, perché tutto è scritto nel libro delle eterne leggi. Fuvvi già un tempo molto lontano, nel quale tutti gli uomini vagavano ancora liberi e uguali per la Terra. Pochi di essi furono laboriosi, sobri ed economici; tutti gli altri poltroni, gozzovigliatori e dissipatori. La virtù fece ricchi i primi, e il vizio immiserì i secondi. I pochi ebbero il diritto di godere (essi e i loro discendenti) delle ricchezze virtuosamente accumulate; mentre i molti spinti dalla loro miseria a vendersi ai ricchi, furono condannati eternamente a servire essi e i loro discendenti'.

Ecco come spiegano la cosa certi amici dell'ordine borghese. «E queste insipide fanciullaggini non si stancano mai di sciorinarle. Thiers, per esempio, osa presentarle ai francesi in un volume, nel quale, con la gravità di un uomo di Stato, pretende di avere annientati gli attacchi sacrileghi del socialismo contro la proprietà»[1].

Se tale fosse l'origine dell'accumulazione primitiva, la teoria, che da essa deriva, sarebbe tanto giusta, quanto quella del peccato originale e quella della predestinazione. Il padre fu poltrone e gozzovigliatore, il figlio soffrirà la miseria. Il tale è figlio di un ricco, è predestinato a essere felice, potente, istruito, civile, forte, eccetera; il tal'altro è figlio di un povero, è predestinato a essere infelice, debole, ignorante, abbrutito, immorale, eccetera. Una società, fondata sopra una tale legge, dovrebbe certamente finire, come già finirono tante altre società, meno barbare e meno ipocrite, tante religioni e dèi, incominciando dal cristianesimo, nelle cui leggi si trovano esempi consimili di giustizia.

E qui potremmo metter fine al nostro dire, se ci fosse permesso di terminarlo con questa scempiaggine borghese. Ma il nostro dramma ha una catastrofe degna di esso, come tosto vedremo, assistendo al suo ultimo atto.

Apriamo la storia, quella storia scritta da borghesi, e per uso e consumo della borghesia; cerchiamo in essa l'origine dell'accumulazione primitiva, ed ecco ciò che vi troviamo.

---

1 Marx, Cap. XXVI

Nell'epoca più antica, torme di gente vaganti vengono a stabilirsi in quelle località meglio disposte e più favorite dalla natura. Vi fondano città, si danno a coltivare la terra, e a fare quant'altro occorre per il proprio benessere. Ma ecco che esse s'incontrano e si urtano nel loro sviluppo, e ne segue guerra, morti, incendi, rapine e stragi. Tutto ciò che è dei vinti diventa la proprietà dei vincitori, comprese le persone dei superstiti, che sono fatti tutti schiavi.

Ecco l'origine dell'accumulazione primitiva nell'antichità. Veniamo ora al medio evo.

In questa seconda epoca della storia, altro non troviamo che invasioni di popoli nei paesi di altri popoli più ricchi e più favoriti dalla natura, e sempre lo stesso ritornello di stragi, rapine, incendi, eccetera. Tutto ciò che è dei vinti diventa la proprietà dei vincitori, con la sola differenza che i superstiti non sono fatti più schiavi, come nella epoca antica, ma servi, e passano con la terra, alla quale sono attaccati, in potere dei loro signori. Nemmeno nel medio evo dunque troviamo la menoma traccia dell'idillica laboriosità, sobrietà ed economia decantata da una certa dottrina borghese quale origine dell'accumulazione primitiva. E notisi che il medio evo è l'epoca alla quale i più illustri nostri possessori di ricchezza possano vantarsi di far ascendere la loro origine. Ma veniamo finalmente all'epoca moderna.

La rivoluzione borghese ha distrutto il feudalismo, ed ha trasmutata la servitù in salariato. Nello stesso tempo, però, essa ha tolto al lavoratore i pochi mezzi di esistenza, che lo stato di servitù gli assicurava. Il servo, benché dovesse lavorare la maggior parte del suo tempo per il suo signore, pure si aveva un pezzo di terra con i mezzi e il tempo di coltivarla, per campare la sua vita. La borghesia ha distrutto tutto ciò, e del servo ha fatto un *libero* (?) lavoratore, il quale non ha altra scelta che, o farsi sfruttare nel modo che abbiamo già visto, dal primo capitalista che gli capita, o morire di fame.

Scendiamo ora ai particolari. Apriamo la storia di un popolo, e vediamo com'è avvenuta l'espropriazione delle popolazioni agricole, e la formazione di quelle masse operaie, destinate a fornire la loro forza di lavoro alle industrie moderne. Prenderemo, secondo il solito, la storia d'Inghilterra, perché se l'Inghilterra è il paese, dove più che altrove è sviluppata la malattia che noi studiamo, è dessa che potrà offrirci sempre il campo più adatto per le nostre osservazioni pratiche.

«In Inghilterra, il servaggio era scomparso di fatto verso la fine del XIV secolo. L'immensa maggioranza della popolazione si componeva allora, e più interamente ancora al XV secolo, di contadini liberi, che coltivavano le loro proprie terre, qualunque fosse il titolo feudale sul quale poggiavano il loro diritto di possesso. Nei grandi domini signorili l'antico balì, servo lui stesso, aveva ceduto il posto al fattore indipendente. I salariati rurali erano in parte contadini (che, durante il tempo lasciato loro libero dalla cultura dei loro campi, prendevano servizio presso i grandi proprietari), in parte una classe particolare e poco numerosa di giornalieri. Questi stessi erano pure, in una certa misura, coltivatori per proprio conto, perché, oltre del salario, si faceva loro concessione di campi almeno di 4 acri, con case di campagna; dippiù, essi partecipavano, insieme con i contadini propriamente detti, all'usufrutto dei beni comunali, dove facevano pascere il loro bestiame, e si provvedevano di legna, di torba, eccetera, per riscaldarsi».

«La rivoluzione, che doveva gettare i primi fondamenti del regime capitalista, ebbe il suo preludio nell'ultimo terzo del XV secolo e nel principio del XVI. Allora il licenziamento dei numerosi seguiti signorili lanciò improvvisamente sul mercato del lavoro una massa di proletari senza fuoco e senza tetto; la quale fu considerevolmente ingrandita dalle usurpazioni, che i gran signori fecero dei beni comunali dei contadini, cacciandone questi, che vi avevano tanto diritto quanto i loro padroni. Ciò che, in Inghilterra, dette specialmente luogo a questi atti di violenza, fu l'estensione delle manifatture di lana in Fiandra e il rialzo dei prezzi della lana che ne risultò.

Trasformazione delle terre arabili in pascoli: tale fu il grido di guerra. Harrison racconta come l'espropriazione dei contadini avesse desolato il paese. "Ma che importa ai nostri grandi usurpatori? Le case dei contadini e le case rustiche dei lavoratori sono state violentemente rasate al suolo, o condannate a cadere in rovina. Se si vogliono consultare gli antichi inventari di ciascuna residenza signorile, si troverà che innumerevoli case sono scomparse con i coltivatori che le abitavano, che il paese nutre ora molto minor numero di gente, che molte città sono decadute, benché qualcuna di nuova fondazione prosperi... A proposito delle città e dei villaggi distrutti per fare parchi di pecore e nei quali non si vede più niente in piedi, salvo il castello signorile, avrei molto a dire"»[2].

«La Riforma, e lo spogliamento dei beni della Chiesa che la seguì, venne a dare un nuovo e terribile impulso all'espropriazione violenta del popolo, nel XVI secolo. La chiesa cattolica era, a quest'epoca, proprietaria feudale della più gran parte del suolo inglese. La soppressione dei chiostri, eccetera, ne gettò gli ambienti nel proletariato. I beni stessi del clero caddero nelle mani dei favoriti reali, o furono venduti a vil prezzo a cittadini, a fattori speculatori, che incominciarono dal cacciare in massa gli antichi censuari ereditari. Il diritto di proprietà della povera gente,

[2] Marx, Cap. XXVII

sopra una parte delle decime ecclesiastiche, fu tacitamente confiscato. Nel quarantesimo anno del regno di Elisabetta, si dovette riconoscere il pauperismo come istituzione nazionale, e stabilire la tassa per i poveri. Gli autori di questa legge si vergognarono di dichiararne i motivi, e la pubblicarono senza alcun preambolo, contrariamente all'uso tradizionale. Sotto Carlo I, il Parlamento la dichiarò perpetua, e non fu poi modificata che nel 1834. Allora divenne pei poveri un castigo ciò che loro era stato originariamente accordato come indennità delle espropriazioni subite».

«Al tempo ancora di Elisabetta, alcuni proprietari fondiari e alcuni ricchi fattori dell'Inghilterra meridionale si riunirono in conciliabolo, per approfondire la legge sui poveri recentemente promulgata. Ecco un estratto del sunto dei loro studi, sottoposto all'avviso di un celebre giureconsulto di quel tempo:

"Alcuni ricchi fattori della parrocchia hanno progettato un piano molto saggio, con il quale si può evitare ogni sorta di turbolenza nella esecuzione della legge. Essi propongono di far costruire nella parrocchia una prigione di lavoro. Ogni povero che non vorrà farvisi rinchiudere si vedrà rifiutata l'assistenza. Si farà poi sapere nei dintorni che se qualcuno desiderasse prendere in affitto i poveri di questa parrocchia, dovrebbe rimettere, in un termine prestabilito, le proposte sigillate, indicando il prezzo più basso al quale egli se ne vorrebbe sbarazzare. Gli autori di questo piano suppongono che vi siano nelle vicine contee genti, le quali non abbiano alcuna voglia di lavorare, e che siano senza fortuna o senza credito per procurarsi una fattoria, o una nave, onde poter vivere senza lavoro. Queste genti sarebbero dispostissime a fare alla parrocchia proposte vantaggiosissime. Se qualche povero morisse durante il contratto, la colpa ricadrebbe su di lui, avendo la parrocchia adempito a tutti i suoi doveri verso questi poveri. Noi temiamo tuttavia che la legge della quale si tratta non permetta simili misure di prudenza. Ma dovete sapere che il resto dei liberi sublocatari di questa contea e delle contee vicine si unirà a voi, per impegnare il loro rappresentante alla Camera dei Comuni a proporre una legge, che permetta di imprigionare i poveri e di obbligarli al lavoro, affinché ogni individuo, che si rifiuti all'imprigionamento, perda il suo diritto all'assistenza. Ciò, noi speriamo, impedirà i miserabili di aver bisogno di assistenza"»[3].

«Nel XVIII secolo, la legge stessa divenne strumento di spoliazione. La forma parlamentare del furto commesso sulle terre comunali è quella di 'legge sulla chiusura delle terre comunali'. Sono, in realtà, decreti con i quali i proprietari di terre si fanno essi stessi regalo dei beni comunali, decreti di espropriazione del popolo. Sir E. M.

3 Marx, Cap. XXVII

Eden cerca di presentare la proprietà comunale come una proprietà privata, benché ancora indivisa, ma si confuta da se stesso, dimandando al Parlamento uno statuto generale, che sanzioni una volta per tutte la chiusura dei beni comunali. E non contento di avere così confessato la necessità di un colpo di Stato parlamentare per legalizzare il trasferimento dei beni comunali ai proprietari di terre, egli insiste sull'indennità dovuta ai poveri coltivatori. Se non v'erano espropriati, non vi erano evidentemente persone da indennizzare».

"Nel Northamptonshire e nel Lincolnshire" dice Addington "si è proceduto in grande alla chiusura dei terreni comunali, e la più parte delle nuove signorie, uscite da questa operazione, sono state convertite in pascoli, di guisa che dove si lavoravano 1500 acri di terra, non se ne lavoravano più che 50... Rovine di case, di fienili, di stalle, eccetera: ecco le sole tracce lasciate dagli antichi abitanti. In tanti luoghi, centinaia di case e di famiglie sono state ridotte a 8 o 10. Nella più parte delle parrocchie, dove le chiusure non datano che da 15 o 20 anni, non v'ha che un piccolo numero di proprietari, paragonato a quello che coltivava il suolo, quando i campi erano aperti. Non è raro il vedere 4 o 5 ricchi allevatori di bestiame usurpare domini testé chiusi, che si trovavano prima nelle mani di 20 o 30 fattori e di un gran numero di piccoli proprietari e di contadini. Tutti questi ultimi e le loro famiglie soli espulsi dalle loro possessioni con gran numero d'altre famiglie, che essi occupavano o mantenevano". Non furono solamente le terre incolte, ma spesso anche quelle già coltivate, sia in comune, sia pagando un certo tributo al Comune, che i proprietari limitrofi si annessero, sotto pretesto di chiusura. Il dottore Price dice: "Io parlo qui della chiusura dei terreni dei campi già coltivati. Gli scrittori stessi che sostengono le chiusure convengono che, in questo caso, essi riducono la cultura, fanno alzare il prezzo delle sostanze e recano lo spopolamento... E, anche quando non si tratta che di terre incolte, l'operazione tale quale oggi si pratica toglie al povero una parte dei suoi mezzi di sussistenza e attiva lo sviluppo delle fattorie, che sono già troppo grandi. Quando il suolo cade nelle mani di un piccolo numero di grandi fattori, i piccoli fattori (che egli ha in un altro luogo designati come tanti 'piccoli proprietari e sublocatari, viventi essi e le loro famiglie con il prodotto della terra che essi coltivano, delle pecore, del pollame, dei maiali, eccetera, che essi fanno pascolare sulle terre comunali') saranno trasformati in gente forzata a guadagnare la propria sussistenza lavorando per altri, e ad andare a comprare al mercato ciò che loro è necessario. Si farà più lavoro forse, perché vi sarà più costringimento... Le città e le manifatture si ingrandiranno, perché c'è un maggior numero di persone in cerca d'occupazione. E in questo senso che la concentrazione delle fattorie si effettua spontaneamente, e che essa è in vigore da molti anni in questo Regno. Insomma, la situazione delle classi inferiori del popolo è peggiorata sotto tutti i rapporti: i piccoli proprietari e fattori sono stati ridotti allo stato di giornalieri e di mercenari, e nello stesso tempo è diventato più difficile il campare la vita". Infatti, l'usurpazione dei beni comunali e la rivoluzione agricola che la seguì, si fecero tanto duramente sentire ai lavoratori delle campagne, che, secondo lo stesso Eden, dal 1765 al 1780, il loro salario cominciò a cadere al disotto del *minimum*, e dovette esser completato per mezzo dei soccorsi ufficiali. "Il loro salario non basta più ai primi bisogni della vita" egli dice.

Al XIX secolo, si è perduto perfino il ricordo del legame intimo, che univa il coltivatore al suolo comunale. Il popolo delle campagne, per esempio, ha mai ottenuto un quattrino d'indennità per i 3 511 770 acri, che gli sono stati strappati, dal 1801 al 1831, e che i proprietari si sono regalati a vicenda con le leggi di chiusura?»[4].

Gli ultimi espedienti di grande importanza storica, per espropriare i lavoratori delle campagne, bisogna propriamente guardarli nell'alta Scozia, dove essi ebbero la più feroce applicazione. «Giorgio Ensor, in un libro pubblicato nel

[4] MARX, Cap. XXVII

1818, dice: "I Grandi di Scozia hanno espropriate famiglie, come se si fosse trattato di sarchiare cattive erbe; essi hanno trattati i villaggi e i loro abitanti, come gli indiani, ebbri di vendetta, trattano le bestie feroci e le loro tane. Un uomo è venduto per un vello di pecora, per un cosciotto di montone e per meno ancora... Al tempo dell'invasione della Cina settentrionale, il Gran Consiglio dei Mongoli discusse se bisognava estirpare dal paese tutti gli abitanti e convertirlo in un vasto pascolo. Molti proprietari scozzesi hanno messo questo disegno in esecuzione nel loro proprio paese, contro i loro propri compatrioti"».

«Ma a ciascun signore bisogna rendere il dovuto onore. L'iniziativa più mongolica fu presa dalla duchessa di Sutherland. Questa donna, formata da una buona scuola, non appena ebbe prese le redini dell'amministrazione, ricorse ai grandi mezzi, e convertì in pascolo tutta una contea, la cui popolazione, in grazia a esperimenti analoghi, ma fatti in proporzioni più piccole, si trovava già ridotta alla cifra di 15 000. Dal 1814 al 1820 questi 15 000 individui, che formavano circa 3000 famiglie, furono sistematicamente espulsi. I loro villaggi furono distrutti e bruciati, i loro campi convertiti in pascoli. I soldati inglesi, mandati per prestare man forte, vennero alle prese con gli indigeni. Una vecchia, che rifiutava d'abbandonare la sua capanna, perì nelle fiamme». (Aprite le orecchie, borghesi, che declamate contro l'uso rivoluzionario del petrolio! Il fuoco è stato, per molto tempo impiegato a danno del proletariato! È la vostra storia che parla). «Egli è così che la nobile dama si accaparrò 794 000 acri di terra, che appartenevano alla comunità da tempo immemorabile».

«Una parte degli spodestati fu assolutamente cacciata; all'altra furono assegnati circa 6000 acri sulla riva del mare, terra incolta, che non aveva mai reso un quattrino. La signora duchessa spinse la sua grandezza d'animo sino a cederla in affitto per 2,5 scellini l'acro ai membri della comunità, che da secoli avevano versato il loro sangue al servizio dei Sutherland. Il terreno, così conquistato, essa lo divise in 29 grosse fattorie di pecore, stabilendo sopra ciascuna una sola famiglia, composta quasi sempre di garzoni di fattorie inglesi. Nel 1825, i 15 000 proscritti avevano già ceduto il posto a 131 000 pecore. Quelli gettati sulla riva del mare si dettero alla pesca e divennero, secondo l'espressione di uno scrittore inglese, dei 'veri anfibi', che vivevano metà sulla terra e metà sull'acqua, ma con tutto ciò non vivevano che a metà. L'odore del loro pesce fu però sentito, e la riva non tardò a essere affittata ai grossi pescivendoli di Londra, e i poveri lavoratori scozzesi furono per una seconda volta scacciati».

«Finalmente, un ultimo cambiamento si compie. Una porzione delle terre convertite in pascoli è riconvertita in riserva di caccia. Il professore Leone Levi, in un discorso pronunciato nell'aprile 1866, innanzi alla Società delle Arti, disse: "Spopolare il paese e convertire i terreni arabili in pascoli, era, in primo luogo, il mezzo più comodo di aver rendite senza alcuna spesa... Ben tosto la sostituzione delle foreste di daini ai pascoli divenne un avvenimento ordinario negli Highlands. Il daino scaccia la pecora come la pecora aveva scacciato l'uomo... Grandi distretti, che figuravano nella statistica della Scozia come praterie di una fertilità ed estensione eccezionali, sono ora rigorosamente privi d'ogni sorta di cultura e di miglioramento, e consacrati ai piaceri di un pugno di cacciatori, che non ci vanno che qualche mese dell'anno". Verso la fine del maggio 1866, un giornale scozzese diceva: "Una delle migliori fattorie di pecore del Sutherlandshire, per la quale allo spirare del fitto corrente si offriva una rendita di 100 000 L. st., sarà convertita in foresta di daini"[5]. Altri giornali, della stessa epoca, parlano ancora di questi istinti feudali, che vanno sempre più sviluppandosi in Inghilterra; ma poi alcuno di essi conclude, provando con le cifre, come un tale fatto non abbia per nulla diminuito la ricchezza nazionale».

«La creazione di un proletariato senza fuoco e senza tetto andava necessariamente più sollecita che il suo assorbimento nelle manifatture na-

[5] Marx, Cap. XXVII

scenti. D'altra parte, questi uomini, bruscamente strappati alle loro condizioni di vita ordinaria, non potevano così presto abituarsi alla disciplina del nuovo ordine sociale. Ne uscì quindi una massa di mendicanti, di ladri, di vagabondi. Ond'è che, verso la fine del XV secolo e durante tutto il XVI, nell'ovest di Europa, una legislazione sanguinaria fu fatta contro il vagabondaggio. I padri dell'attuale classe operaia furono castigati per essere stati ridotti allo stato di vagabondi e di poveri. La legislazione li trattò come delinquenti volontari; essa suppose che dipendesse dal loro libero arbitrio il continuare a lavorare come per il passato, quasi che non fosse avvenuto alcun cambiamento nella loro condizione».

In Inghilterra, questa legislazione cominciò sotto il regno di Enrico VII.

«Enrico VIII, 1530. I mendicanti, attempati e incapaci di lavoro, ottengono licenze per dimandare la carità. I vagabondi robusti sono condannati a essere frustati e imprigionati. Legati dietro a una carretta, essi debbono subire la fustigazione, finché il sangue non grondi dal loro corpo; poi essi devono impegnarsi con giuramento di ritornare, sia al luogo della loro nascita, sia al luogo che essi hanno abitato negli ultimi tre anni, e a *rimettersi al lavoro*. Crudele ironia! Questo stesso statuto fu anche trovato troppo dolce, nel ventisettesimo anno del regno di Enrico VIII. Il Parlamento aggravò le pene con clausole addizionali. In caso di prima recidiva, il vagabondo dev'essere frustato di nuovo e avere la metà dell'orecchio mozzata; alla seconda recidiva egli dev'essere trattato da ribelle e ammazzato come nemico dello Stato».

«Nella sua *Utopia*, il cancelliere Tommaso Moro dipinge vivamente la situazione dei disgraziati colpiti da queste leggi. "Succede" egli dice "che un ghiottone avido e insaziabile, un vero flagello del suo paese natale, si può impossessare di migliaia di iugeri di terra, circondandoli di piuoli o di siepi, ovvero tormentando i loro proprietari con tali ingiustizie da obbligarli a vender tutto. In un modo o nell'altro, per amore o per forza, essi devono sloggiare tutti, povera gente, cuori semplici, uomini, donne, sposi, orfanelli, vedove, madri con i loro poppanti e con tutto il loro avere, poveri di risorse, ma ricchi di numero, perché l'agricoltura ha bisogno di molte braccia. Essi devono rivolgere i loro passi lontani dal loro antico focolare, senza trovare un luogo di riposo. In altre circostanze la vendita dei loro mobili e dei loro utensili domestici avrebbe potuto aiutarli, per quanto poco questi valessero; ma, gettati subitamente nel vuoto, essi sono forzati a cederli per una bagatella. E quando essi hanno errato qua e là e mangiato sin l'ultimo quattrino, che possono fare altro che rubare? E allora, mio Dio, o essere impiccati con tutte le forme legali, o andare mendicando! E in questo ultimo caso li gettano in prigione come vagabondi, perché essi menano una vita errante e non lavorano, perché nessuno al mondo vuol dar loro lavoro, per quanto essi siano premurosi di offrirsi per ogni sorta di servizio." Di questi disgraziati fuggitivi, dei quali Tommaso Moro, loro contemporaneo, dice che li forzavano a vagabondare e a rubare "72 000 ne furono fatti morire sotto il regno di Enrico VIII", secondo che narra Holingshed nella sua *Descrizione dell'Inghilterra*».

«Eduardo VI. Uno statuto del primo anno del suo regno, 1547, ordina che ogni individuo refrattario del lavoro sia dato per ischiavo alla persona che l'avrà denunziato come vagabondo. (Così per avere a suo profitto il lavoro di un povero diavolo, non si aveva che a denunziarlo come refrattario del lavoro). Il padrone deve nutrire questo schiavo con pane e acqua, e dargli di tanto in tanto qualche leggera bevanda e gli avanzi di carne, che egli giudicherà conveniente. Egli ha il diritto di costringerlo ai servizi i più disgustosi con il mezzo della frusta e della catena. Se lo schiavo si ostina per una quindicina di giorni, è condannato alla schiavitù perpetua e sarà marcato, a ferro rovente, con la lettera 'S' sulla guancia e sulla fronte; se egli è fuggito per la terza volta, sarà ucciso come ribelle. Il padrone lo può vendere, legarlo per testamento, fittarlo ad altri a guisa di ogni altro mobile o bestiame. Se gli schiavi macchinano qualche cosa contro i padroni, devono essere puniti con la morte. I giudici di pace, ricevutone avviso, sono obbligati a seguire le tracce di questi cattivi arnesi. Quando è preso qualcuno di questi straccioni, lo si deve marcare, con ferro rovente, con la lettera 'V' sul petto, e ricondurlo al luogo della sua nascita, dove, carico di ferri, egli dovrà lavorare sulle pubbliche piazze. Se il vagabondo ha indicato un falso luogo di nascita, egli deve diventare, per punizione, lo schiavo a vita di questo luogo, dei suoi abitanti e della sua corporazione; lo si marcherà di una 'S'. Il primo venuto ha il diritto d'impossessarsi dei figli dei vagabondi, e di ritenerli come fattorini, i ragazzi fino a 24 anni, le fanciulle fino a 20. Se prendono la fuga, essi diventano, sino a questa età, gli schiavi dei padroni, che hanno diritto di metterli ai ferri, di far loro subire la frusta, eccetera, a volontà. Ogni padrone può mettere un anello di ferro al collo, alle braccia o alle gambe del suo schiavo, onde meglio riconoscerlo ed essere più sicuro di lui. L'ultima parte di questo statuto prevede il caso, nel quale certi poveri sarebbero occupati dalle persone o dalle località, che volessero dar loro a mangiare e bere, e metterli al lavoro. Questo genere di schiavi della parrocchia si è conservato, in Inghilterra, sino alla metà del XIX secolo. Un campione dei capitalisti osserva: "Sotto il regno di Eduardo VI, gl'inglesi sembra avessero a cuore l'incoraggiamento delle manifatture e l'occupazione dei poveri, come lo prova uno statuto rimarchevole, nel quale è detto che tutti i vagabondi devono essere marcati con il ferro rovente"».

«Elisabetta, 1572. I mendicanti, senza permesso, e d'età oltre i 40 anni, devono essere severamente frustati e marcati con il ferro rovente all'orecchia sinistra, *se nessuno li vuole prendere al servizio durante due anni*. In caso di recidiva, quelli che hanno più di 18 anni devono essere uccisi, se nessuno li vuole impiegare durante due anni. Ma, presi una terza volta, essi devono essere messi a morte senza misericordia come ribelli. Più tardi i vagabondi s'impiccavano in massa, disposti in lunghe file. Ogni anno vi erano 300 o 400 impiccati in un posto o nell'altro, dice Strype nei suoi *Annali*; secondo lui, il solo Somersetshire contò, in un anno, 40 morti, 35 marcati con il ferro rovente, e 37 frustati. Intanto, aggiunge questo filantropo, "questo gran numero d'accusati non comprende che il quinto dei delitti commessi, grazie alla negligenza dei giudici di pace e alla stupida compassione del popolo..." Nelle altre contee dell'Inghilterra, la situazione non era migliore, e, in alcune, anche peggiore».

«Giacomo I. Tutti gli individui che corrono il paese e vanno mendicando sono dichiarati vagabondi. I giudici di pace (tutti, beninteso, proprietari di terre, manifatturieri, ministri del culto, eccetera, investiti della giurisdizione criminale) nelle loro sessioni ordinarie sono autorizzati a farli frustare pubblicamente e a infliggere loro 6 mesi di prigione, alla prima recidiva, e 2 anni alla seconda. Durante tutta la prigionia, possono essere frustati tanto spesso e tanto forte quanto i giudici di pace stimeranno a proposito... Gli scorrazzatori restii e pericolosi devono essere marcati con una 'R' sulla spalla sinistra, e, se sorpresi a mendicare, uccisi senza misericordia, e privati dell'assistenza del prete. Questi statuti non furono aboliti che nel 1714»[6].

Ed ecco in mezzo a quali orrori, in mezzo a quanto sangue si è compiuta l'espropriazione delle popolazioni agricole, e la formazione di quella classe operaia, destinata a servire di pasto alla grande industria moderna. Altro che idillio! È stato il ferro e il fuoco la sola origine dell'accumulazione primitiva; è stato il ferro e il fuoco che ha preparato al capitale l'ambiente necessario per svilupparsi, la massa di forze umane destinate a nutrirlo; e se oggi non è più il ferro e il fuoco il mezzo ordinario della sempre crescente accumulazione, è perché v'ha un altro mezzo, in sua vece, molto più inesorabile e terribile, una delle moderne *gloriose conquiste* della borghesia, un mezzo che forma parte necessaria del congegno stesso della produzione capitalista, un mezzo che agisce da sé solo, senza fare tanto strepito, senza produrre scandalo, un mezzo infine per-

---

6 Marx, Cap. XXXI

fettamente *civile*: la fame. E per chi si ribella alla fame, sempre e poi sempre ferro e fuoco.

Le moderne proporzioni di questo compendio non ci permettono di narrare eziandio i fasti del capitale nelle colonie. Rimandiamo i nostri lettori alle storie delle scoperte, incominciando da quella di Cristoforo Colombo, e di tutte le colonizzazioni, limitandoci solamente a citare a tale riguardo le parole di «un uomo rinomato solo per il suo fervore cristiano, W Howitt, che così si esprime: "Le barbarie e le atrocità esecrabili perpetrate dalle razze sedicenti cristiane, in tutte le regioni del mondo e contro tutti i popoli che essi hanno potuto soggiogare, non trovano niente di simile in nessuna altra epoca della storia universale, presso nessuna razza per quanto selvaggia, per quanto rozza, per quanto spietata, per quanto svergognata ella si fosse"»[7].

«Se, come dice Augier, "il denaro è venuto al mondo con macchie naturali di sangue sovra una delle sue faccie", il capitale vi è venuto sudando il sangue e il fango da tutti i suoi pori».

E questa è pura storia, o borghesi, una trista storia di sangue, che meriterebbe di essere ben letta e meditata da voi, che sapete nella vostra virtù concepire un santo orrore per la *libidine di sangue* dei rivoluzionari moderni; da voi, che dichiarate non poter permettere ai lavoratori che il solo uso dei mezzi morali.

---

[7] MARX, Cap. XXVIII

Conclusione di Carlo Cafiero

Il male è radicale. E già da un pezzo che lo sanno i lavoratori del mondo civile; non tutti certamente, ma un gran numero, e questi preparano già i mezzi atti a distruggerlo.

Essi hanno considerato: I che la sorgente prima di ogni oppressione e sfruttamento umano è la proprietà individuale; II che l'emancipazione dei lavoratori (emancipazione umana) non può essere fondata sopra una nuova dominazione di classe, ma sulla fine di tutti i privilegi e monopoli di classe e sull'eguaglianza dei diritti e doveri; III che la causa del lavoro, causa dell'umanità, non ha frontiere; IV che l'emancipazione dei lavoratori deve essere l'opera dei lavoratori stessi. E allora una voce possente ha gridato: *Lavoratori del mondo, uniamoci. Non più diritti senza doveri, non più doveri senza diritti. Rivoluzione*.

Ma la rivoluzione invocata dai lavoratori non è la rivoluzione di pretesto, non è il mezzo pratico di un momento per raggiungere un dato scopo. Anche la borghesia, come tanti altri, invocò un giorno la rivoluzione; ma solamente per soppiantare la nobiltà, e sostituire al sistema feudale del servaggio quello più raffinato e crudele del salariato. E questo lo chiamano progresso e civiltà!

Tutti i giorni assistiamo infatti al ridicolo spettacolo di borghesi, che vanno balbettando la parola rivoluzione, al solo scopo di poter salire sull'albero della cuccagna, e agguantare il potere. La rivoluzione dei lavoratori è la rivoluzione per la rivoluzione.

La parola 'Rivoluzione', presa nel suo più largo e vero senso, significa giro, trasformazione, cambiamento. Come tale, la rivoluzione è l'anima di tutta la materia infinita. Infatti, tutto si trasforma in natura, ma niente si crea e niente si distrugge, come la chimica ci dimostra. La materia, rimanendo sempre la stessa in quantità, può cambiare di forma in modo infinito. Quando la materia perde la sua antica forma e ne acquista una nuova, essa fa un passaggio dall'antica vita, nella quale muore, alla nuova vita, nella quale nasce. Quando il nostro filatore, per prendere un esempio a noi famigliare, ha trasformato i 10 chili di bambagia in 10 chili di filo, che altro è avvenuto se non la morte di 10 chili di materia sotto la forma di bambagia, e la loro nascita sotto la forma di fili? E quando il tessitore trasformerà i fili in tela, che altro avverrà se non un passaggio della materia dalla vita di filo alla vita di tela, come già prima era passata dalla vita di bambagia alla vita di filo? La materia, dunque, passando da un giro di vita a un altro, vive sempre cambiandosi, trasformandosi, rivoluzionandosi.

Ora, se la rivoluzione è la legge della natura, che è il tutto, deve anche essere necessariamente la legge dell'umanità, che è la parte. Ma v'ha sulla Terra un pugno d'uomini che non la pensa così, o, piuttosto, che chiude gli occhi per non vedere e le orecchie per non sentire.

Sì, è vero, sento gridarmi da un borghese, la legge naturale, la rivoluzione che voi reclamate, è l'assoluta regolatrice delle relazioni umane. La colpa di tutte le oppressioni, di tutti gli sfruttamenti, di tutte le lagrime e degli eccidi che ne derivano, devesi appunto attribuire a questa inesorabile legge che c'impone la rivoluzione, cioè, la trasformazione continua, la lotta per l'esistenza, l'assorbimento dei più deboli fatti più forti, il sacrificio dei tipi meno perfetti allo sviluppo dei tipi più perfetti. Se centinaia di lavoratori sono immolati al benessere di un solo borghese, ciò avviene senza la menoma colpa di questo, che ne è anzi afflitto e desolato, ma per solo decreto della legge naturale, della rivoluzione.

Se si parla in tal guisa, niente di meglio domandano i lavoratori, i quali, in forza della stessa legge naturale, che vuole la trasformazione, la lotta per l'esistenza, la rivoluzione, si preparano appunto a essere i più forti, per sacrificare tutte le piante mostruose e parassite al completo e rigoglioso sviluppo della bellissima pianta uomo, completo e perfetto, quale dev'essere, in tutta la pienezza del suo carattere umano.

Ma i borghesi sono troppo timorati e pii per poter fare appello alla legge naturale della rivoluzione. Essi l'hanno potuta invocare in un momento d'ebbrezza; ma, ritornati poscia in loro stessi, fatti i conti, e trovato che i fatti loro erano belli e accomodati, si sono dati a gridare a più non posso: 'Ordine, religione, famiglia, proprietà, conservazione!' E così che, dopo essere giunti, con la strage, l'incendio e la rapina, a conquistare il posto di dominatori e sfruttatori del genere umano, credono poter fermare il corso della rivoluzione; senza accorgersi, nella loro stoltezza, che altro non fanno, con i loro sforzi, che preparare orribili guai all'umanità, e a loro stessi per conseguenza, con gli scoppi improvvisi della forza rivoluzionaria pazzamente da essi repressa.

La rivoluzione, abbattuti gli ostacoli materiali che le si oppongono, e lasciata libera al suo corso, basterà da sé sola a creare fra gli uomini il più perfetto equilibrio, l'ordine, la pace e la felicità più completa, perché gli uomini, nel loro libero sviluppo, non procederanno a guisa degli animali bruti ma a guisa di esseri umani, eminentemente ragionevoli e civili, i quali comprendono che nessun uomo può essere veramente libero e felice se non nella libertà e felicità comune di tutta l'umanità. *Non più diritti senza doveri, non più doveri senza diritti.* Non più dunque lotta per l'esistenza fra uomo e uomo, ma lotta per l'esistenza di tutti gli uomini con la natura, per appropriarsi della più gran somma di forze naturali per il vantaggio di tutta l'umanità.

Conosciuto il male, è facile conoscerne il rimedio: la rivoluzione per la rivoluzione.

Ma come faranno i lavoratori per ristabilire il corso della rivoluzione?

Non è questo il luogo di un programma rivoluzionario, già da lunga mano elaborato e pubblicato altrove in altri libri; noi ci limiteremo a concludere, rispondendo con le parole raccolte sul labbro di un lavoratore e poste in epigrafe a questo volume: *L'operaio ha fatto tutto; e l'operaio può distruggere tutto, perché può tutto rifare.*

APPENDICE

Dialogo fra Crepafame e Succhiasangue*

Vedemmo il funzionamento generale del principio di lotta nell'umanità: qui assisteremo al singolare certame fra il lavoro e il capitale.

È giorno di mercato e tra la folla dei venditori e dei compratori scorgiamo un uomo di nostra conoscenza, un uomo conosciuto nel suo villaggio col nome di Crepafame. Egli non è qui venuto certamente per comprare; e quanto a vendere, non ha che le sue braccia.

Ecco un individuo di aspetto molto decente che gli si avvicina. Ah è il signor Succhiasangue, quel fallito che un'eredità ha testè salvato dalla miseria. Appressiamoci, e sentiamo un po' di che si tratta.

SUCCHIASANGUE — Ehi brav'uomo, siete disposto ad Impiegarvi?

CREPAFAME — Pronto al vostro servizio signore.

SUCCHIASANGUE — Che prezzo volete per la vostra giornata?

CREPAFAME — Cinque franchi, signore.

SUCCHIASANGUE — Troppo, caro mio, ve ne offro tre.

---

* Scritto di Cafiero col quale l'Autore si proponeva una ulteriore volgarizzazione del *Capitale* di Marx, per renderlo accessibile ai più.

CREPAFAME — Ma, signore, come si fa a vivere con tre franchi al giorno?

SUCCHIASANGUE — Potete vivere perfettamente. Il prezzo che vi offro è proprio quanto ci vuole per mantener voi e la vostra famiglia; questo è oggi l'esatto prezzo della forza di lavoro che voi mi vendete, e voi non potete pretendere per la vostra merce più di quanto essa vale, più di quanto dimandano gli altri. Io del resto, non sono uso a stiracchiare per defraudare la mercede all'operaio. Se volete venire per tre franchi è bene, altrimenti mi provvederò altrove.

CREPAFAME — Ma, signore, osservate che col mio lavoro io vi produrrò più di cinque franchi al giorno.

SUCCHIASANGUE — Ah! eccoci alle solite storie. Voialtri operai volete sempre immischiarvi nei fatti che non vi riguardano, nelle cose che non capite punto.

Che diritto avete voi di venire a vedere che uso farò io della vostra forza di lavoro? Voi mi vendete la vostra merce, io ve la pago al suo giusto prezzo, e non avrò il diritto di farne l'uso che mi pare? Viene forse il droghiere a vedere che uso farò io dello zucchero e del pepe che ho comprato nella sua bottega? Sì, sì, io lucrerò sull'uso della vostra forza di lavoro; ma quando vi lucrassi un milione voi non avreste niente a vederci.

Oh bella! Ma credete ch'io voglia impiegarvi pei vostri begli occhi? Certamente che profitterò sull'uso della merce che compro da voi; è per questo appunto che voglio comprarla. Si sà che la forza di lavoro rende più di quanto costa; ed è appunto per ciò che il capitalista la cerca e che voi trovate il vostro posto nell'armonia degli interessi... Via chè vado io perdendo il tempo per spiegare a voi queste cose?... Se accettate bene, se no, cerco un altro.

Crepafame — Sì, accetto, signore. Ditemi dove devo recarmi e sono al vostro servizio.

Succhiasangue — Bene, seguitemi.

«L'uomo del denaro prende la precedenza, e, in qualità di capitalista, comincia per il primo; il possessore della forza di lavoro gli tiene dietro come lavoratore che gli appartiene: quegli, dallo sguardo furbo e dall'aspetto altero ed affaccendato; questi, timido, esitante, restio, come chi, avendo portato la propria pelle al mercato, non può aspettarsi ormai che una sola cosa: essere conciato».[**]

Tale è il prologo del nostro dramma. Passiamo ora al primo atto: la giornata di lavoro. Scorso un anno. Ci troviamo nell'opificio del signor Succhiasangue. Una grande quantità di operai sono occupati al lavoro: tutti in silenzio ed ordinati come se fossero tanti soldati. Nè vi mancano sorveglianti ed ispettori che a guisa di ufficiali

[**] Marx, *Il Capitale*, Capitolo VI

passeggiano fra i ranghi, tutto osservando, dando ordini, e sorvegliandone la fedele esecuzione. Del capitalista non se ne vede neppur l'ombra. Si apre una porta a vetri che mette nell'interno; forse sarà lui: vediamo.

È un grave personaggio, ma non è il signor Succhiasangue. I sorveglianti gli si fanno premurosamente intorno, e ricevono con la massima attenzione i suoi ordini. Odesì il suono di un campanello elettrico; uno dei sorveglianti corre ad applicare il suo orecchio alla bocca di un tubo di metallo che dalla volta scende lungo il muro; e viene tosto ad annunziare al signor direttore che il padrone lo chiama presso di lui a conferenza.

Cerchiamo Crepafame nella folla degli operai; e finalmente ci viene atto trovarlo in un angolo, tutto dedito al lavoro. Egli è divenuto scarno e pallido in volto: sulla sua faccia si legge un profondo pensiero di tristezza. Un anno fa lo vedemmo sul mercato contrattare la sua forza di lavoro col signor Succhiasangue; quanto è grande oggi la distanza fra loro! Oggi è un operaio perduto nella folla dei molti che popolano l'opificio, e oppresso da una giornata di lavoro straordinariamente lunga; mentre il signor Succhiasangue, divenuto grosso capitalista, se ne sta come un dio nell'alto del suo Olimpo, da dove manda gli ordini al suo popolo attraverso una schiera d'intermediari.

L'Ortica editrice persegue con i fatti quella solidarietà così lontana dall'attuale competizione fratricida.
È animata da idee che sole possono dar moto alle vicende umane.
È animata dallo spirito di cooperazione, dall'amicizia, dalla fratellanza, dall'armonia possibile fra tutti gli esseri viventi.

Ortica editrice soc. coop • via Aldo Moro, 43/D - 04011 Aprilia
www.orticaeditrice.it • info@orticaeditrice.it

Finito di stampare nel mese di giugno 2011
presso la tipografia Città Nuova di Roma